PREFAZIONE

La raccolta di frasari da viaggio "Andrà tutto bene!" pubblicati da T&P Books è destinata a coloro che viaggiano all'estero per turismo e per motivi professionali. I frasari contengono ciò che conta di più - gli elementi essenziali per la comunicazione di base. Questa è un'indispensabile serie di frasi utili per "sopravvivere" durante i soggiorni all'estero.

Questo frasario potrà esservi di aiuto nella maggior parte dei casi in cui dovrete chiedere informazioni, ottenere indicazioni stradali, domandare quanto costa qualcosa, ecc. Risulterà molto utile per risolvere situazioni dove la comunicazione è difficile e i gesti non possono aiutarci.

Questo libro contiene molte frasi che sono state raggruppate a seconda degli argomenti più importanti. Inoltre, una sezione separata del libro include un piccolo dizionario con più di 1.500 termini utili ed importanti.

Durante i vostri viaggi portate con voi il frasario "Andrà tutto bene!" e disporrete di un insostituibile compagno di viaggio che vi aiuterà nei momenti di difficoltà e vi insegnerà a non avere paura di parlare in un'altra lingua straniera.

INDICE

T&P Books Publishing

T&P Books Publishing

FRASARIO
- OLANDESE -

I TERMINI E LE ESPRESSIONI PIÙ UTILI

Questo frasario contiene espressioni e domande di uso comune che risulteranno utili per intraprendere conversazioni di base con gli stranieri

Andrey Taranov

T&P BOOKS

Frasario + dizionario da 1500 vocaboli

Frasario Italiano-Olandese e dizionario ridotto da 1500 vocaboli

Di Andrey Taranov

La raccolta di frasari da viaggio "Andrà tutto bene!" pubblicati da T&P Books è destinata a coloro che viaggiano all'estero per turismo e per motivi professionali. I frasari contengono ciò che conta di più - gli elementi essenziali per la comunicazione di base. Questa è un'indispensabile serie di frasi utili per "sopravvivere" durante i soggiorni all'estero.

Una sezione del libro contiene anche un piccolo dizionario con più di 1.500 vocaboli. Il dizionario include molti termini gastronomici che risulteranno utili per ordinare pietanze al ristorante o per fare acquisti di genere alimentare.

T&P Books Publishing
www.tpbooks.com

ISBN: 978-1-78492-702-8

Questo libro è disponibile anche in formato e-book.
Visitate il sito www.tpbooks.com o le principali librerie online.

PRONUNCIA

Alfabeto fonetico T&P	Esempio olandese	Esempio italiano
[a]	plasje	macchia
[ã]	kraag	scusare
[o], [ɔ]	zondag	notte
[o]	geografie	notte
[õ]	oorlog	coordinare
[e]	nemen	meno, leggere
[ē]	wreed	essere
[ɛ]	ketterij	centro
[ɛ:]	crème	essere
[ə]	tachtig	soldato (dialetto foggiano)
[i]	alpinist	vittoria
[ī]	referee	scacchi
[ʏ]	stadhuis	luccio
[œ]	druif	tedesco - Hölle
[ø]	treurig	oblò
[u]	schroef	prugno
[ʉ]	zuchten	aiutare
[ū]	minuut	luccio
[b]	oktober	bianco
[d]	diepte	doccia
[f]	fierheid	ferrovia
[g]	golfclub	guerriero
[h]	horizon	[h] aspirate
[j]	jaar	New York
[k]	klooster	cometa
[l]	politiek	saluto
[m]	melodie	mostra
[n]	netwerk	novanta
[p]	peper	pieno
[r]	rechter	ritmo, raro
[s]	smaak	sapere
[t]	telefoon	tattica
[v]	vijftien	volare
[w]	waaier	week-end

Alfabeto fonetico T&P	Esempio olandese	Esempio italiano
[z]	zacht	rosa
[ʤ]	manager	piangere
[ʃ]	architect	ruscello
[ŋ]	behang	fango
[ʧ]	beertje	cinque
[ʒ]	bougie	beige
[x]	acht, gaan	hobby

LISTA DELLE ABBREVIAZIONI

Italiano. Abbreviazioni

agg	-	aggettivo
anim.	-	animato
avv	-	avverbio
cong	-	congiunzione
ecc.	-	eccetera
f	-	sostantivo femminile
f pl	-	femminile plurale
fem.	-	femminile
form.	-	formale
inanim.	-	inanimato
inform.	-	familiare
m	-	sostantivo maschile
m pl	-	maschile plurale
m, f	-	maschile, femminile
masc.	-	maschile
mil.	-	militare
pl	-	plurale
pron	-	pronome
qc	-	qualcosa
qn	-	qualcuno
sing.	-	singolare
v aus	-	verbo ausiliare
vi	-	verbo intransitivo
vi, vt	-	verbo intransitivo, transitivo
vr	-	verbo riflessivo
vt	-	verbo transitivo

Olandese. Abbreviazioni

mv.	-	plurale

Olandese. Articoli

de	-	genere comune
de/het	-	genere comune neutro
het	-	neutro

FRASARIO OLANDESE

Questa sezione contiene
frasi importanti che
potranno rivelarsi utili in
varie situazioni di vita
quotidiana. Il frasario vi sarà
di aiuto per chiedere
indicazioni, chiarire il prezzo
di qualcosa, comprare dei
biglietti e ordinare pietanze
in un ristorante

T&P Books Publishing

INDICE DEL FRASARIO

T&P Books Publishing

Mi scusi, ...	**Pardon, ...** [par'dɔn, ...]
Buongiorno.	**Hallo.** [halɔ]
Grazie.	**Bedankt.** [bə'dankt]
Arrivederci.	**Tot ziens.** [tɔt zins]
Sì.	**Ja.** [ja]
No.	**Nee.** [nē]
Non lo so.	**Ik weet het niet.** [ik wēt ət nit]
Dove? | Dove? (~ stai andando?) | Quando?	**Waar? | Waarheen? | Wanneer?** [wār? | wār'hēn? | wa'nēr?]

Ho bisogno di ...	**Ik heb ... nodig** [ik hɛp ... 'nɔdəx]
Voglio ...	**Ik wil ...** [ik wil ...]
Avete ...?	**Hebt u ...?** [hɛpt ju ...?]
C'è un /una/ ... qui?	**Is hier een ...?** [is hir en ...?]
Posso ...?	**Mag ik ...?** [max ik ...?]
per favore	**... alstublieft** [... alstʉ'blift]

Sto cercando ...	**Ik zoek ...** [ik zuk ...]
il bagno	**toilet** [twa'lɛt]
un bancomat	**geldautomaat** [xɛlt·autɔ'māt]
una farmacia	**apotheek** [apɔ'tēk]
un ospedale	**ziekenhuis** [zikənhœys]
la stazione di polizia	**politiebureau** [pɔ\'litsi bʉ\'rɔ]
la metro	**metro** ['metrɔ]

un taxi	**taxi** [taksi]
la stazione (ferroviaria)	**station** [sta'tsjɔn]

Mi chiamo …	**Ik heet …** [ik hēt …]
Come si chiama?	**Hoe heet u?** [hu hēt ju?]
Mi può aiutare, per favore?	**Kunt u me helpen alstublieft?** [kʉnt ju mə 'hɛlpən alstʉ'blift?]
Ho un problema.	**Ik heb een probleem.** [ik hɛp ən prɔ'blēm]
Mi sento male.	**Ik voel me niet goed.** [ik vul mə nit xut]
Chiamate l'ambulanza!	**Bel een ambulance!** [bɛl en ambʉ'lansə!]
Posso fare una telefonata?	**Mag ik opbellen?** [max ik ɔ'bɛlən?]

Mi dispiace.	**Sorry.** ['sɔri]
Prego.	**Graag gedaan.** [xrãx xə'dãn]

io	**Ik, mij** [ik, mɛj]
tu	**jij** [jɛj]
lui	**hij** [hɛj]
lei	**zij** [zɛj]
loro (m)	**zij** [zɛj]
loro (f)	**zij** [zɛj]
noi	**wij** [wɛj]
voi	**jullie** ['juli]
Lei	**u** [ju]

ENTRATA	**INGANG** [inxaŋ]
USCITA	**UITGANG** [œʏtxaŋ]
FUORI SERVIZIO	**BUITEN GEBRUIK** [bœʏtən xə'brœʏk]
CHIUSO	**GESLOTEN** [xə'slɔtən]

APERTO	**OPEN** ['ɔpən]
DONNE	**DAMES** [daməs]
UOMINI	**HEREN** ['herən]

Domande

Dove?	**Waar?** [wār?]
Dove? (~ stai andando?)	**Waarheen?** [wār'hēn?]
Da dove?	**Vanwaar?** [van'wār?]
Perchè?	**Waar?** [wār?]
Per quale motivo?	**Waarom?** [wā'rɔm?]
Quando?	**Wanneer?** [wa'nēr?]

Per quanto tempo?	**Hoe lang?** [hu laŋ?]
A che ora?	**Hoe laat?** [hu lāt?]
Quanto?	**Hoeveel?** [huvēl?]
Avete ...?	**Hebt u ...?** [hɛpt ju ...?]
Dov'e ...?	**Waar is ...?** [wār is ...?]

Che ore sono?	**Hoe laat is het?** [hu lāt is ət?]
Posso fare una telefonata?	**Mag ik opbellen?** [max ik ɔ'bɛlən?]
Chi è?	**Wie is daar?** [wi is dār?]
Si può fumare qui?	**Mag ik hier roken?** [max ik hir 'rɔkən?]
Posso ...?	**Mag ik ...?** [max ik ...?]

Necessità

Vorrei ...	**Ik zou graag ...** [ik 'zau xrãx ...]
Non voglio ...	**Ik wil niet ...** [ik wil nit ...]
Ho sete.	**Ik heb dorst.** [ik hɛp dɔrst]
Ho sonno.	**Ik wil gaan slapen.** [ik wil xãn 'slapən]

Voglio ...	**Ik wil ...** [ik wil ...]
lavarmi	**wassen** [wasən]
lavare i denti	**mijn tanden poetsen** [mɛjn 'tandən 'putsən]
riposae un po'	**even rusten** [evən 'rʊstən]
cambiare i vestiti	**me omkleden** [mə 'ɔmkledən]

tornare in albergo	**teruggaan naar het hotel** [te'rʊxxãn nãr hɛt hɔ'tɛl]
comprare ...	**... kopen** [... 'kɔpən]
andare a ...	**gaan naar ...** [xãn nãr ...]
visitare ...	**bezoeken ...** [bə'zukən ...]
incontrare ...	**ontmoeten ...** [ɔnt'mutən ...]
fare una telefonata	**opbellen** [ɔ'bɛlən]

Sono stanco.	**Ik ben moe.** [ik bɛn mu]
Siamo stanchi.	**We zijn moe.** [we zɛjn mu]
Ho freddo.	**Ik heb het koud.** [ik hɛp ət 'kaut]
Ho caldo.	**Ik heb het warm.** [ik hɛp ət warm]
Sto bene.	**Ik ben okay.** [ik bɛn ɔ'kɛj]

Devo fare una telefonata.	**Ik moet opbellen.** [ik mut ɔ'bɛlən]
Devo andare in bagno.	**Ik moet naar het toilet.** [ik mut nãr ət twa'lɛt]
Devo andare.	**Ik moet weg.** [ik mut wɛx]
Devo andare adesso.	**Ik moet nu weg.** [ik mut nʉ wɛx]

Come chiedere indicazioni

Mi scusi, ...

Pardon, ...
[par'dɔn, ...]

Dove si trova ...?

Waar is ...?
[wãr is ...?]

Da che parte è ...?

Welke richting is ...?
['wɛlkə 'rixtiŋ is ...?]

Mi può aiutare, per favore?

Kunt u me helpen alstublieft?
[kʉnt ju mə 'hɛlpən alstʉ'blift?]

Sto cercando ...

Ik zoek ...
[ik zuk ...]

Sto cercando l'uscita.

Waar is de uitgang?
[wãr is də 'œʏtxaŋ?]

Sto andando a ...

Ik ga naar ...
[ik xa nãr ...]

Sto andando nella direzione giusta per ...?

Is dit de weg naar ...?
[is dit də wɛx nãr ...?]

E' lontano?

Is het ver?
[iz ət vɛr?]

Posso andarci a piedi?

Kan ik er lopend naar toe?
[kan ik ɛr 'lopənt nãr tu?]

Può mostrarmi sulla piantina?

Kunt u het op de plattegrond aanwijzen?
[kʉnt ju ət ɔp də platə'xrɔnt 'ãnwɛjzən?]

Può mostrarmi dove ci troviamo adesso.

Kunt u me aanwijzen waar we nu zijn?
[kʉnt ju mə 'ãnwɛjzən wãr wə nu zɛjn]

Qui

Hier
[hir]

Là

Daar
[dãr]

Da questa parte

Deze kant uit
[dezə kant 'œʏt]

Giri a destra.

Rechtsaf.
[rɛxts'af]

Giri a sinistra.

Linksaf.
[linksaf]

La prima (la seconda, la terza) strada

eerste (tweede, derde) bocht
[ẽrstə ('twẽdə, 'dɛrdə) bɔxt]

a destra

rechtsaf
[rɛxts'af]

a sinistra

linksaf
[linksaf]

Vada sempre dritto.

Ga rechtuit.
[xa 'rɛxtœʏt]

Segnaletica

BENVENUTO!	**WELKOM!** ['wɛlkɔm!]
ENTRATA	**INGANG** [inxaŋ]
USCITA	**UITGANG** [œʏtxaŋ]

SPINGERE	**DRUK** [drʉk]
TIRARE	**TREK** [trɛk]
APERTO	**OPEN** ['ɔpən]
CHIUSO	**GESLOTEN** [xə'slotən]

DONNE	**DAMES** [daməs]
UOMINI	**HEREN** ['herən]
BAGNO UOMINI	**HEREN (m)** ['herən]
BAGNO DONNE	**DAMES (v)** [daməs]

SALDI | SCONTI	**KORTINGEN** ['kɔrtiŋən]
IN SALDO	**UITVERKOOP** [œʏt'vɛrköp]
GRATIS	**GRATIS** [xratis]
NOVITA!	**NIEUW!** [niu!]
ATTENZIONE!	**PAS OP!** [pas ɔp!]

COMPLETO	**ALLE KAMERS BEZET** [ale 'kamərs bə'zɛt]
RISERVATO	**GERESERVEERD** [xərezɛr'vȇrt]
AMMINISTRAZIONE	**ADMINISTRATIE** [administ'ratsi]
RISERVATO AL PERSONALE	**UITSLUITEND PERSONEEL** [œʏtslœʏtənt pɛrsɔ'nȇl]

ATTENTI AL CANE!	**PAS OP VOOR DE HOND!** [pas ɔp võr də hɔnt!]
VIETATO FUMARE	**VERBODEN TE ROKEN!** [vər'bɔdən tə 'rɔkən!]
NON TOCCARE	**NIET AANRAKEN!** [nit 'ānrakən!]
PERICOLOSO	**GEVAARLIJK** [xe'vārlək]
PERICOLO	**GEVAAR** [xe'vār]
ALTA TENSIONE	**HOOGSPANNING** [hõxs'paniŋ]
DIVIETO DI BALNEAZIONE	**VERBODEN TE ZWEMMEN** [vər'bɔdən tə 'zwemən]

FUORI SERVIZIO	**BUITEN GEBRUIK** [bœʏtən xe'brœʏk]
INFIAMMABILE	**ONTVLAMBAAR** [ɔnt'flambār]
VIETATO	**VERBODEN** [vər'bɔdən]
VIETATO L'ACCESSO	**VERBODEN TOEGANG** [vər'bɔdən 'tuxaŋ]
PITTURA FRESCA	**NATTE VERF** [natə vɛrf]

CHIUSO PER RESTAURO	**GESLOTEN WEGENS VERBOUWING** [xe'slɔtən 'wexəns vər'bauwiŋ]
LAVORI IN CORSO	**WERK IN UITVOERING** [wɛrk in œʏt'vuriŋ]
DEVIAZIONE	**OMWEG** ['ɔmwɛx]

Mezzi di trasporto - Frasi generiche

aereo	**vliegtuig** [vlixtœʏx]
treno	**trein** [trɛjn]
autobus	**bus** [bʉs]
traghetto	**veerpont** [vĕrpɔnt]
taxi	**taxi** [taksi]
macchina	**auto** [autɔ]

orario	**dienstregeling** [dinst·'rexəliŋ]
Dove posso vedere l'orario?	**Waar is de dienstregeling?** [wăr is də dinst·'rexəliŋ?]
giorni feriali	**werkdagen** [wɛrk'daxən]
giorni di festa (domenica)	**weekends** [wĭkɛnts]
giorni festivi	**vakanties** [va'kantsis]

PARTENZA	**VERTREK** [vər'trɛk]
ARRIVO	**AANKOMST** [ănkɔmst]
IN RITARDO	**VERTRAAGD** [vərt'răxt]
CANCELLATO	**GEANNULEERD** [xəanʉ'lĕrt]

il prossimo (treno, ecc.)	**volgende** ['vɔlxəndə]
il primo	**eerste** [ĕrstə]
l'ultimo	**laatste** [lătstə]

Quando è il prossimo ...?	**Hoe laat gaat de volgende ...?** [hu lăt xăt də 'vɔlxəndə ...?]
Quando è il primo ...?	**Hoe laat gaat de eerste ...?** [hu lăt xăt də 'ĕrstə ...?]

Quando è l'ultimo ...?

Hoe laat gaat de laatste ...?
[hu lāt xāt də 'lātstə ...?]

scalo

aansluiting
[ānslœʏtiŋ]

effettuare uno scalo

overstappen
[ɔvər'stapən]

Devo cambiare?

Moet ik overstappen?
[mut ik ɔvər'stapən?]

Acquistando un biglietto

Dove posso comprare i biglietti?	**Waar kan ik kaartjes kopen?** [wăr kan ik 'kărtjəs 'kɔpən?]
biglietto	**kaartje** [kărtjə]
comprare un biglietto	**een kaartje kopen** [en 'kărtjə 'kɔpən]
il prezzo del biglietto	**prijs van een kaartje** [prɛjs van en 'kărtjə]

Dove?	**Waarheen?** [wăr'hēn?]
In quale stazione?	**Naar welk station?** [năr wɛlk sta'tsjɔn?]
Avrei bisogno di ...	**Ik heb ... nodig** [ik hɛp ... 'nɔdəx]
un biglietto	**een kaartje** [en 'kărtjə]
due biglietti	**twee kaartjes** [twē 'kărtjəs]
tre biglietti	**drie kaartjes** [dri 'kărtjəs]

solo andata	**enkel** ['ɛnkəl]
andata e ritorno	**retour** [re'tu:r]
prima classe	**eerste klas** [ērstə klas]
seconda classe	**tweede klas** [twēdə klas]

oggi	**vandaag** [van'dăx]
domani	**morgen** ['mɔrxən]
dopodomani	**overmorgen** [ɔvər'mɔrxən]
la mattina	**s morgens** [s 'mɔrxəns]
nel pomeriggio	**s middags** [s 'midaxs]
la sera	**s avonds** [s 'avɔnts]

posto lato corridoio	**zitplaats aan het gangpad** [zitplãts ãn ət 'xaŋpat]
posto lato finestrino	**zitplaats bij het raam** [zitplãts bɛj ət rãm]
Quanto?	**Hoeveel?** [huvēl?]
Posso pagare con la carta di credito?	**Kan ik met een creditcard betalen?** [kan ik mɛt en 'kredit·kart bə'talən?]

Autobus

autobus	**bus** [bʉs]
autobus interurbano	**intercity bus** [inter'siti bʉs]
fermata dell'autobus	**bushalte** [bʉs'haltə]
Dov'è la fermata dell'autobus più vicina?	**Waar is de meest nabij gelegen bushalte?** [wār is də mēst na'bɛj xə'lexən bʉs'haltə?]

numero	**nummer** [nʉmər]
Quale autobus devo prendere per andare a ...?	**Met welke bus kan ik naar ... gaan?** [mɛt 'wɛlkə bʉs kan ik nār ... xān?]
Questo autobus va a ...?	**Gaat deze bus naar ...?** [xāt 'dezə bʉs nār ...?]
Qual'è la frequenza delle corse degli autobus?	**Hoe dikwijls rijden de bussen?** [hu 'dikwəls 'rɛjdən də 'bʉsən?]

ogni 15 minuti	**om het kwartier** [ɔm ət kwar'tir]
ogni mezzora	**om het half uur** [ɔm ət half ūr]
ogni ora	**om het uur** [ɔm ət ūr]
più a volte al giorno	**verschillende keren per dag** [vər'sxiləndə 'kerən pər dax]
... volte al giorno	**... keer per dag** [... kēr pər dax]

orario	**dienstregeling** [dinst·'rexəliŋ]
Dove posso vedere l'orario?	**Waar is de dienstregeling?** [wār is də dinst·'rexəliŋ?]
Quando passa il prossimo autobus?	**Hoe laat vertrekt de volgende bus?** [hu lāt vər'trɛkt də 'vɔlxəndə bʉs?]
A che ora è il primo autobus?	**Hoe laat vertrekt de eerste bus?** [hu lāt vər'trɛkt də 'ērstə bʉs?]
A che ora è l'ultimo autobus?	**Hoe laat vertrekt de laatste bus?** [hu lāt vər'trɛkt də 'lātstə bʉs?]

fermata	**halte** [haltə]
prossima fermata	**volgende halte** [vɔlxəndə 'haltə]
ultima fermata	**eindstation** [ɛjnt sta'tsjɔn]
Può fermarsi qui, per favore.	**Hier stoppen alstublieft.** [hir 'stɔpən alstʉ'blift]
Mi scusi, questa è la mia fermata.	**Pardon, dit is mijn halte.** [par'dɔn, dit is mɛjn 'haltə]

Treno

treno	**trein** [trɛjn]
treno locale	**pendeltrein** ['pendəl trɛjn]
treno a lunga percorrenza	**langeafstandstrein** [laŋə·'afstants·trɛjn]
stazione (~ ferroviaria)	**station** [sta'tsjɔn]
Mi scusi, dov'è l'uscita per il binario?	**Pardon, waar is de toegang tot het perron?** [par'dɔn, wãr is də 'tuxaŋ tɔt ət pɛ'rɔn?]

Questo treno va a …?	**Gaat deze trein naar …?** [xãt 'dezə trɛjn nãr …?]
il prossimo treno	**volgende trein** ['vɔlxəndə trɛjn]
Quando è il prossimo treno?	**Hoe laat gaat de volgende trein?** [hu lãt xãt də 'vɔlxəndə trɛjn?]
Dove posso vedere l'orario?	**Waar is de dienstregeling?** [wãr is də dinst·'rexəliŋ?]
Da quale binario?	**Van welk perron?** [van wɛlk pɛ'rɔn?]
Quando il treno arriva a … ?	**Wanneer komt de trein aan in …?** [wa'nẽr kɔmt də trɛjn ãn in …?]

Mi può aiutare, per favore.	**Kunt u me helpen alstublieft?** [kʉnt ju mə 'hɛlpən alstʉ'blift?]
Sto cercando il mio posto.	**Ik zoek mijn zitplaats.** [ik zuk mɛjn 'zitplãts]
Stiamo cercando i nostri posti.	**Wij zoeken onze zitplaatsen.** [wɛj 'zukən 'ɔnzə 'zitplãtsen]
Il mio posto è occupato.	**Mijn zitplaats is bezet.** [mɛjn 'zitplãts is bə'zɛt]
I nostri posti sono occupati.	**Onze zitplaatsen zijn bezet.** [ɔnzə 'zitplãtsən zɛjn bə'zɛt]

Mi scusi, ma questo è il mio posto.	**Sorry, maar dit is mijn zitplaats.** [sɔri, mãr dit is mɛjn 'zitplãts]
E' occupato?	**Is deze zitplaats bezet?** [is 'dezə 'zitplãts bə'zɛt?]
Posso sedermi qui?	**Mag ik hier zitten?** [max ik hir 'zitən?]

Sul treno - Dialogo (Senza il biglietto)

Biglietto per favore.	**Uw kaartje alstublieft.** [uw 'kārtjə alstu'blift]
Non ho il biglietto.	**Ik heb geen kaartje.** [ik hɛp xēn 'kārtjə]
Ho perso il biglietto.	**Ik heb mijn kaartje verloren.** [ik hɛp mɛjn 'kārtjə vər'lɔrən]
Ho dimenticato il biglietto a casa.	**Ik heb mijn kaartje thuis vergeten.** [ik hɛp mɛjn 'kārtjə thœys vər'xetən]

Può acquistare il biglietto da me.	**U kunt een kaartje van mij kopen.** [ju kunt en 'kārtjə van mɛj 'kɔpən]
Deve anche pagare una multa.	**U moet ook een boete betalen.** [ju mut ōk en 'butə bə'talən]
Va bene.	**Okay.** [ɔ'kɛj]
Dove va?	**Waar gaat u naartoe?** [wār xāt ju nārtu?]
Vado a ...	**Ik ga naar ...** [ik xa nār ...]

Quanto? Non capisco.	**Hoeveel kost het? Ik versta het niet.** [huvēl kɔst ət? ik vərs'ta ət nit]
Può scriverlo per favore.	**Schrijf het neer alstublieft.** [sxrɛjf ət nēr alstu'blift]
D'accordo. Posso pagare con la carta di credito?	**Okay. Kan ik met een creditcard betalen?** [ɔ'kɛj. kan ik mɛt en 'kredit·kart bə'talən?]
Si.	**Ja, dat kan.** [ja, dat kan]

Ecco la sua ricevuta.	**Hier is uw ontvangstbewijs.** [hir is uw ɔnt'faŋst·bə'wɛjs]
Mi dispiace per la multa.	**Sorry voor de boete.** [sɔri vōr də 'butə]
Va bene così. È stata colpa mia.	**Maakt niet uit. Het is mijn schuld.** [mākt nit œyt hɛt is mɛjn sxult]
Buon viaggio.	**Prettige reis.** ['prɛtixə rɛjs]

Taxi

taxi	**taxi** [taksi]
tassista	**taxi chauffeur** [taksi ʃɔ'før]
prendere un taxi	**een taxi nemen** [en 'taksi 'nemən]
posteggio taxi	**taxistandplaats** [taksi·'stantplāts]
Dove posso prendere un taxi?	**Waar kan ik een taxi nemen?** [wār kan ik en 'taksi 'nemən?]
chiamare un taxi	**een taxi bellen** [en 'taksi 'bɛlən]
Ho bisogno di un taxi.	**Ik heb een taxi nodig.** [ik hɛp en 'taksi 'nɔdəx]
Adesso.	**Nu onmiddellijk.** [nʉ ɔn'midələk]
Qual'è il suo indirizzo?	**Wat is uw adres?** [wat is ʉw ad'rɛs?]
Il mio indirizzo è ...	**Mijn adres is ...** [mɛjn ad'rɛs is ...]
La sua destinazione?	**Uw bestemming?** [ʉw bəs'tɛmiŋ?]
Mi scusi, ...	**Pardon, ...** [par'dɔn, ...]
E' libero?	**Bent u vrij?** [bɛnt ju vrɛj?]
Quanto costa andare a ...?	**Hoeveel kost het naar ...?** [huvēl kɔst ət nār ...?]
Sapete dove si trova?	**Weet u waar dit is?** [wēt ju wār dit is?]
All'aeroporto, per favore.	**Luchthaven alstublieft.** [lʉxt'havən alstʉ'blift]
Si fermi qui, per favore.	**Hier stoppen alstublieft.** [hir 'stɔpən alstʉ'blift]
Non è qui.	**Het is niet hier.** [hɛt is nit hir]
È l'indirizzo sbagliato.	**Dit is het verkeerde adres.** [dit is ət vər'kērdə ad'rɛs]
Giri a sinistra.	**Linksaf.** [linksaf]
Giri a destra.	**Rechtsaf.** [rɛxts'af]

Quanto le devo?	**Hoeveel ben ik u schuldig?** [huvēl bɛn ik ju 'sxʉldəx?]
Potrei avere una ricevuta, per favore.	**Kan ik een bon krijgen alstublieft.** [kan ik en bɔn 'krɛjxən alstʉ'blift]
Tenga il resto.	**Hou het kleingeld maar.** [hau ət 'klɛjnxɛlt mār]

Può aspettarmi, per favore?	**Wil u even op mij wachten?** [wil ju 'evən ɔp mɛj 'waxtən?]
cinque minuti	**vijf minuten** [vɛjf mi'nʉtən]
dieci minuti	**tien minuten** [tin mi'nʉtən]
quindici minuti	**vijftien minuten** [vɛjftin mi'nʉtən]
venti minuti	**twintig minuten** [twintəx mi'nʉtən]
mezzora	**een half uur** [ən half ūr]

Hotel

Salve.	**Hallo.** [halɔ]
Mi chiamo …	**Ik heet …** [ik hēt …]
Ho prenotato una camera.	**Ik heb gereserveerd.** [ik hɛp xərezɛr'vērt]

Ho bisogno di …	**Ik heb … nodig** [ik hɛp … 'nodəx]
una camera singola	**een enkele kamer** [en 'ɛnkelə 'kamər]
una camera doppia	**een tweepersoons kamer** [en twē·pɛr'sōns 'kamər]
Quanto costa questo?	**Hoeveel kost dat?** [huvēl kɔst dat?]
È un po' caro.	**Dat is nogal duur.** [dat is 'nɔxal dūr]

Avete qualcos'altro?	**Zijn er geen andere mogelijkheden?** [zɛjn ɛr xēn 'andərə 'mɔxələkhedən?]
La prendo.	**Die neem ik.** [di nēm ik]
Pago in contanti.	**Ik betaal contant.** [ik bə'tāl kɔn'tant]

Ho un problema.	**Ik heb een probleem.** [ik hɛp en prɔ'blēm]
Il mio … è rotto.	**Mijn … is stuk.** [mɛjn … is stʉk]
Il mio … è fuori servizio.	**Mijn … doet het niet meer.** [mɛjn … dut ət nit mēr]
televisore	**TV** [te've]
condizionatore	**airco** ['ɛrkɔ]
rubinetto	**kraan** [krān]

doccia	**douche** [duʃ]
lavandino	**lavabo** [lava'bɔ]
cassaforte	**brandkast** [brantkast]

serratura	**deurslot** ['dørslɔt]
presa elettrica	**stopcontact** [stɔp kɔn'takt]
asciugacapelli	**haardroger** [hãr·drɔxər]

Non ho ...	**Ik heb geen ...** [ik hɛp xēn ...]
l'acqua	**water** [watər]
la luce	**licht** [lixt]
l'elettricità	**stroom** [strōm]

Può darmi ...?	**Kunt u mij een ... bezorgen?** [kʉnt ju mɛj en ... bə'zɔrxən?]
un asciugamano	**een handdoek** [en 'handuk]
una coperta	**een deken** [en 'dekən]
delle pantofole	**pantoffels** [pan'tɔfəls]
un accappatoio	**een badjas** [en badjas]
dello shampoo	**shampoo** [ʃʌmpō]
del sapone	**zeep** [zēp]

Vorrei cambiare la camera.	**Ik wil van kamer veranderen.** [ik wil van 'kamər və'randerən]
Non trovo la chiave.	**Ik kan mijn sleutel niet vinden.** [ik kan mɛjn 'sløtel nit 'vindən]
Potrebbe aprire la mia camera, per favore?	**Kunt u mijn kamer openen alstublieft?** [kʉnt ju mɛjn 'kamər 'ɔpenən alstʉ'blift?]
Chi è?	**Wie is daar?** [wi is dãr?]
Avanti!	**Kom binnen!** [kɔm 'binən!]
Un attimo!	**Een ogenblikje!** [en 'ɔxənblikje!]
Non adesso, per favore.	**Niet op dit moment alstublieft.** [nit ɔp dit mɔ'mɛnt alstʉ'blift]

Può venire nella mia camera, per favore.	**Kom naar mijn kamer alstublieft.** [kɔm nãr mɛjn 'kamər alstʉ'blift]
Vorrei ordinare qualcosa da mangiare.	**Kan ik room service krijgen.** [kan ik rōm 'sø:rvis 'krɛjxən]
Il mio numero di camera è ...	**Mijn kamernummer is ...** [mɛjn 'kamər·'nʉmer is ...]

Parto …	**Ik vertrek …** [ik vər'trɛk …]
Partiamo …	**Wij vertrekken …** [wɛj vər'trɛkən …]
adesso	**nu onmiddellijk** [nʉ ɔn'midələk]
questo pomeriggio	**vanmiddag** [van'midax]
stasera	**vanavond** [va'navɔnt]
domani	**morgen** ['mɔrxən]
domani mattina	**morgenochtend** ['mɔrxən 'ɔxtənt]
domani sera	**morgenavond** [mɔrxən 'avɔnt]
dopodomani	**overmorgen** [ɔvər'mɔrxən]

Vorrei pagare.	**Ik zou willen afrekenen.** [ik 'zau 'wilən 'afrekənən]
È stato tutto magnifico.	**Alles was uitstekend.** [aləs was œyts'tekənt]
Dove posso prendere un taxi?	**Waar kan ik een taxi nemen?** [wār kan ik en 'taksi 'nemən?]
Potrebbe chiamarmi un taxi, per favore?	**Wil u alstublieft een taxi bestellen?** [wil ju alstʉ'blift en 'taksi bəs'tɛlən?]

Al Ristorante

Posso vedere il menù, per favore?	**Kan ik het menu zien alstublieft?** [kan ik ət me'nʉ zin alstʉ'blift?]
Un tavolo per una persona.	**Een tafel voor één persoon.** [en 'tafəl vŏr en pɛr'sŏn]
Siamo in due (tre, quattro).	**We zijn met z'n tweeën** **(drieën, vieren).** [we zɛjn mɛt zən 'twēɛn ('driɛn, 'virən)]

Fumatori	**Roken** ['rɔkən]
Non fumatori	**Niet roken** [nit 'rɔkən]
Mi scusi!	**Hallo! Pardon!** [halɔ! par'dɔn!]
il menù	**menu** [me'nʉ]
la lista dei vini	**wijnkaart** [wɛjnkārt]
Posso avere il menù, per favore.	**Het menu alstublieft.** [hɛt me'nʉ alstʉ'blift]

È pronto per ordinare?	**Bent u zover om te bestellen?** [bɛnt ju 'zɔvər ɔm tə bəs'tɛlən?]
Cosa gradisce?	**Wat wenst u?** [wat wɛnst ju?]
Prendo …	**Voor mij …** [vŏr mɛj …]

Sono vegetariano.	**Ik ben vegetariër.** [ik bɛn vexə'tarijər]
carne	**vlees** [vlēs]
pesce	**vis** [vis]
verdure	**groente** ['xruntə]
Avete dei piatti vegetariani?	**Hebt u vegetarische gerechten?** [hɛpt ju vexə'tarisə xə'rɛxtən?]
Non mangio carne di maiale.	**Ik eet niet varkensvlees.** [ik ēt nit 'varkənsvlēs]
Lui /lei/ non mangia la carne.	**Hij /zij/ eet geen vlees.** [hɛj /zɛj/ ēt xēn vlēs]

Sono allergico a ...

Potrebbe portarmi ...

del sale | del pepe | dello zucchero

un caffè | un tè | un dolce

dell'acqua | frizzante | naturale

un cucchiaio | una forchetta | un coltello

un piatto | un tovagliolo

Ik ben allergisch voor ...
[ik bɛn a'lerxis vōr ...]

Wil u mij ... brengen
[wil ju mɛj ... b'rɛŋən]

zout | peper | suiker
[zaut | 'pepər | 'sœʏkər]

koffie | thee | dessert
[kɔfi | tē | dɛ'sɛːr]

water | met prik | gewoon
[watər | mɛt prik | xə'wōn]

een lepel | vork | mes
[en 'lepəl | vɔrk | mɛs]

een bord | servet
[en bɔrt | sɛr'vɛt]

Buon appetito!

Un altro, per favore.

È stato squisito.

Smakelijk!
[smakələk!]

Nog een alstublieft.
[nɔx en alstʉ'blift]

Het was heerlijk.
[hɛt was 'hērlək]

---

il conto | il resto | la mancia

Il conto, per favore.

Posso pagare con la carta di credito?

Mi scusi, c'è un errore.

rekening | wisselgeld | fooi
[rekəniŋ | 'wisəl·xɛlt | fōj]

De rekening alstublieft.
[də 'rekəniŋ alstʉ'blift]

Kan ik met een creditcard betalen?
[kan ik mɛt en 'kredit·kart bə'talən?]

Sorry, hier is een fout.
[sɔri, hir iz en 'faut]

Shopping

Posso aiutarla?	**Waarmee kan ik u van dienst zijn?** [wãr'mē kan ik ju van dinst zɛjn?]
Avete ...?	**Hebt u ...?** [hɛpt ju ...?]
Sto cercando ...	**Ik zoek ...** [ik zuk ...]
Ho bisogno di ...	**Ik heb ... nodig** [ik hɛp ... 'nɔdəx]

Sto guardando.	**Ik kijk even.** [ik kɛjk 'evən]
Stiamo guardando.	**Wij kijken even.** [wɛj 'kɛjkən 'evən]
Ripasserò più tardi.	**Ik kom wat later terug.** [ik kɔm wat 'latər te'rʉx]
Ripasseremo più tardi.	**We komen later terug.** [we 'kɔmən 'latər te'rʉx]
sconti | saldi	**korting | uitverkoop** [kɔrtiŋ | 'œytverkōp]

Per favore, mi può far vedere ...?	**Kunt u mij ... laten zien alstublieft?** [kʉnt ju mɛj ... 'latən zin alstʉ'blift?]
Per favore, potrebbe darmi ...	**Kunt u mij ... geven alstublieft?** [kʉnt ju mɛj ... 'xevən alstʉ'blift?]
Posso provarlo?	**Kan ik dit passen?** [kan ik dit 'pasən?]
Mi scusi, dov'è il camerino?	**Pardon, waar is de paskamer?** [par'dɔn, wãr is də 'pas·kamər?]
Che colore desidera?	**Welke kleur wenst u?** ['wɛlkə 'klør wɛnst ju?]
taglia | lunghezza	**maat | lengte** [mãt | 'leŋtə]
Come le sta?	**Past het?** [past ət?]

Quanto costa questo?	**Hoeveel kost het?** [huvēl kɔst ət?]
È troppo caro.	**Dat is te duur.** [dat is tə dūr]
Lo prendo.	**Ik neem het.** [ik nēm ət]
Mi scusi, dov'è la cassa?	**Pardon, waar moet ik betalen?** [par'dɔn, wãr mut ik bə'talən?]

Paga in contanti o con carta di credito?

Betaalt u contant of met een creditcard?
[bə'tālt ju kɔn'tant ɔf mɛt en 'kredit·kart?]

In contanti | con carta di credito

contant | met een creditcard
[kɔn'tant | mɛt en 'kredit·kart]

Vuole lo scontrino?

Wil u een kwitantie?
[wil ju en kwi'tantsi?]

Si, grazie.

Ja graag.
[ja xrāx]

No, va bene così.

Nee, hoeft niet.
[nē, huft nit]

Grazie. Buona giornata!

Bedankt. Een fijne dag verder!
[bə'dankt. en 'fɛjnə dax 'vɛrdər!]

In città

Mi scusi, per favore ...	Pardon, ... [par'dɔn, ...]
Sto cercando ...	Ik ben op zoek naar ... [ik bɛn ɔp zuk nãr ...]
la metropolitana	de metro [də 'metrɔ]
il mio albergo	mijn hotel [mɛjn hɔ'tɛl]
il cinema	de bioscoop [də biɔ'skõp]
il posteggio taxi	een taxistandplaats [en 'taksi·'stantplãts]

un bancomat	een geldautomaat [en xɛlt·autɔ'mãt]
un ufficio dei cambi	een wisselagent [en 'wisəl·a'xɛnt]
un internet café	een internet café [en 'internɛt ka'fe]
via ...	... straat [... strãt]
questo posto	dit adres [dit ad'rɛs]

Sa dove si trova ...?	Weet u waar ... is? [wẽt ju wãr ... is?]
Come si chiama questa via?	Welke straat is dit? [wɛlkə strãt is dit?]
Può mostrarmi dove ci troviamo?	Kunt u me aanwijzen waar we nu zijn? [kʉnt ju mə 'ãnwɛjzən wãr wə nʉ zɛjn]
Posso andarci a piedi?	Kan ik er lopend naar toe? [kan ik ɛr 'lɔpənt nãr tu?]
Avete la piantina della città?	Hebt u een plattegrond van de stad? [hɛpt ju en platə'xrɔnt van də stat?]

Quanto costa un biglietto?	Hoeveel kost de toegang? [huvẽl kɔst də 'tuxaŋ?]
Si può fotografare?	Kan ik hier foto's maken? [kan ik hir 'fɔtɔs 'makən?]
E' aperto?	Bent u open? [bɛnt ju 'ɔpən?]

Quando aprite?

Hoe laat gaat u open?
[hu lāt xāt ju 'ɔpən?]

Quando chiudete?

Hoe laat sluit u?
[hu lāt slœʏt ju?]

Soldi

Soldi	**geld** [xɛlt]
contanti	**contant** [kɔn'tant]
banconote	**bankbiljetten** [bank·bi'ljetən]
monete	**kleingeld** [klɛjn·xɛlt]
conto | resto | mancia	**rekening | wisselgeld | fooi** [rekəniŋ | 'wisəl·xɛlt | fōj]

carta di credito	**creditcard** [kredit·kart]
portafoglio	**portemonnee** [pɔrtəmɔ'nē]
comprare	**kopen** ['kɔpən]
pagare	**betalen** [bə'talən]
multa	**boete** ['butə]
gratuito	**gratis** [xratis]

Dove posso comprare ...?	**Waar kan ik ... kopen?** [wār kan ik ... 'kɔpən?]
La banca è aperta adesso?	**Is de bank nu open?** [is də bank nʉ 'ɔpən?]
Quando apre?	**Hoe laat gaat hij open?** [hu lāt xāt hɛj 'ɔpən?]
Quando chiude?	**Hoe laat sluit hij?** [hu lāt slœyt hɛj?]

Quanto costa?	**Hoeveel?** [huvēl?]
Quanto costa questo?	**Hoeveel kost dit?** [huvēl kɔst dit?]
È troppo caro.	**Dat is te duur.** [dat is tə dūr]

Scusi, dov'è la cassa?	**Pardon, waar moet ik betalen?** [par'dɔn, wār mut ik bə'talən?]
Il conto, per favore.	**De rekening alstublieft.** [də 'rekəniŋ alstʉ'blift]

Posso pagare con la carta di credito?	**Kan ik met een creditcard betalen?** [kan ik mɛt en 'krediˑkart bə'talən?]
C'è un bancomat?	**Is hier een geldautomaat?** [is hir en xɛltˑautɔ'māt?]
Sto cercando un bancomat.	**Ik zoek een geldautomaat.** [ik zuk en xɛltˑautɔ'māt]

Sto cercando un ufficio dei cambi.	**Ik zoek een wisselagent.** [ik zuk en 'wisəl a'xɛnt]
Vorrei cambiare ...	**Ik zou ... willen wisselen.** [ik 'zau ... 'wilən 'wisələn]
Quanto è il tasso di cambio?	**Wat is de wisselkoers?** [wat is də 'wisəlˑkurs?]
Ha bisogno del mio passaporto?	**Hebt u mijn paspoort nodig?** [hɛpt ju mɛjn 'paspōrt 'nɔdəx?]

Le ore

Che ore sono?	**Hoe laat is het?** [hu lāt is ət?]
Quando?	**Wanneer?** [wa'nēr?]
A che ora?	**Hoe laat?** [hu lāt?]
adesso | più tardi | dopo ...	**nu | later | na ...** [nʉ | 'latər | na ...]

l'una	**een uur** [en ūr]
l'una e un quarto	**kwart over een** [kwart 'ɔvər en]
l'una e trenta	**half twee** [half twē]
l'una e quarantacinque	**kwart voor twee** [kwart vōr twē]

uno | due | tre	**een | twee | drie** [en | twē | dri]
quattro | cinque | sei	**vier | vijf | zes** [vir | vɛjf | zɛs]
sette | otto | nove	**zeven | acht | negen** [zevən | axt | 'nexən]
dieci | undici | dodici	**tien | elf | twaalf** [tin | ɛlf | twālf]

fra ...	**binnen ...** ['binən ...]
cinque minuti	**vijf minuten** [vɛjf mi'nʉtən]
dieci minuti	**tien minuten** [tin mi'nʉtən]
quindici minuti	**vijftien minuten** [vɛjftin mi'nʉtən]
venti minuti	**twintig minuten** [twintəx mi'nʉtən]
mezzora	**een half uur** [en half ūr]
un'ora	**een uur** [en ūr]

la mattina	s ochtends [s 'ɔxtənts]
la mattina presto	s ochtends vroeg [s 'ɔxtənts vrux]
questa mattina	vanmorgen [van'mɔrxən]
domani mattina	morgenochtend ['mɔrxən 'ɔxtent]

all'ora di pranzo	in het midden van de dag [in ət 'midən van də dax]
nel pomeriggio	s middags [s 'midaxs]
la sera	s avonds [s 'avɔnts]
stasera	vanavond [va'navɔnt]

la notte	s avonds [s 'avɔnts]
ieri	gisteren ['xistərən]
oggi	vandaag [van'dāx]
domani	morgen ['mɔrxən]
dopodomani	overmorgen [ɔvər'mɔrxən]

Che giorno è oggi?	Wat is het vandaag? [wat is ət van'dāx?]
Oggi è ...	Het is ... [hɛt is ...]
lunedì	maandag [māndax]
martedì	dinsdag [dinzdax]
mercoledì	woensdag [wunzdax]

giovedì	donderdag [dɔndərdax]
venerdì	vrijdag [vrɛjdax]
sabato	zaterdag [zatərdax]
domenica	zondag [zɔndax]

Saluti - Presentazione

Salve.	**Hallo.** [halɔ]
Lieto di conoscerla.	**Aangenaam.** [ānxənām]
Il piacere è mio.	**Insgelijks.** ['insxeleks]
Vi presento ...	**Mag ik u voorstellen aan ...** [max ik ju 'vōrstɛlən ān ...]
Molto piacere.	**Aangenaam.** [ānxənām]

Come sta?	**Hoe gaat het met u?** [hu xāt ət mɛt ju?]
Mi chiamo ...	**Ik heet ...** [ik hēt ...]
Si chiama ... (m)	**Dit is ...** [dit is ...]
Si chiama ... (f)	**Dit is ...** [dit is ...]
Come si chiama?	**Hoe heet u?** [hu hēt ju?]
Come si chiama lui?	**Hoe heet hij?** [hu hēt hɛj?]
Come si chiama lei?	**Hoe heet zij?** [hu hēt zɛj?]

Qual'è il suo cognome?	**Wat is uw achternaam?** [wat is ʉw 'axtər·nām?]
Può chiamarmi ...	**Noem mij maar ...** [num mɛj mār ...]
Da dove viene?	**Vanwaar komt u?** [van'wār kɔmt ju?]
Vengo da ...	**Ik kom van ...** [ik kɔm van ...]
Che lavoro fa?	**Wat is uw beroep?** [wat is ʉw bə'rup?]
Chi è?	**Wie is dit?** [wi is dit?]
Chi è lui?	**Wie is hij?** [wi is hɛj?]
Chi è lei?	**Wie is zij?** [wi is zɛj?]
Chi sono loro?	**Wie zijn zij?** [wi zɛjn zɛj?]

Questo è ...	**Dit is ...** [dit is ...]
il mio amico	**mijn vriend** [mɛjn vrint]
la mia amica	**mijn vriendin** [mɛjn vrin'din]
mio marito	**mijn man** [mɛjn man]
mia moglie	**mijn vrouw** [mɛjn 'vrau]
mio padre	**mijn vader** [mɛjn 'vadər]
mia madre	**mijn moeder** [mɛjn 'mudər]
mio fratello	**mijn broer** [mɛjn brur]
mia sorella	**mijn zuster** [mɛjn 'zʉstər]
mio figlio	**mijn zoon** [mɛjn zõn]
mia figlia	**mijn dochter** [mɛjn 'dɔxtər]
Questo è nostro figlio.	**Dit is onze zoon.** [dit is 'ɔnzə zõn]
Questa è nostra figlia.	**Dit is onze dochter.** [dit is 'ɔnzə 'dɔxtər]
Questi sono i miei figli.	**Dit zijn mijn kinderen.** [dit zɛjn 'mɛjn 'kindərən]
Questi sono i nostri figli.	**Dit zijn onze kinderen.** [dit zɛjn 'ɔnzə 'kindərən]

Saluti di commiato

Arrivederci!	**Tot ziens!** [tɔt zins!]
Ciao!	**Doei!** [dui!]
A domani.	**Tot morgen.** [tɔt 'mɔrxən]
A presto.	**Tot binnenkort.** [tɔt binə'kɔrt]
Ci vediamo alle sette.	**Tot om zeven uur.** [tɔt ɔm 'zevən ūr]

Divertitevi!	**Veel plezier!** [vēl plə'zīr!]
Ci sentiamo più tardi.	**Tot straks.** [tɔt straks]
Buon fine settimana.	**Prettig weekend.** [prɛtəx 'wīkɛnt]
Buona notte	**Goede nacht.** [xudə naxt]

Adesso devo andare.	**ik moet opstappen.** [ik mut 'ɔpstapən]
Devo andare.	**Ik moet weg.** [ik mut wɛx]
Torno subito.	**ik ben zo terug.** [ik bɛn zɔ tə'rʉx]

È tardi.	**Het is al laat.** [hɛt is al lāt]
Domani devo alzarmi presto.	**Ik moet vroeg op.** [ik mut vrux ɔp]
Parto domani.	**Ik vertrek morgen.** [ik vər'trɛk 'mɔrxən]
Partiamo domani.	**Wij vertrekken morgen.** [wɛj vər'trɛkən 'mɔrxən]

Buon viaggio!	**Prettige reis!** ['prɛtixə rɛjs!]
È stato un piacere conoscerla.	**Het was fijn u te leren kennen.** [hɛt was fɛjn ju tə 'lerən 'kɛnən]
È stato un piacere parlare con lei.	**Het was een prettig gesprek.** [hɛt was ɛn 'prɛtəx xə'sprɛk]
Grazie di tutto.	**Dank u wel voor alles.** [dank ju wɛl vōr 'aləs]

Mi sono divertito.	**ik heb ervan genoten.** [ik hɛp ɛr'van xe'nɔtən]
Ci siamo divertiti.	**Wij hebben ervan genoten.** [wɛj 'hɛbən ɛr'van xə'nɔtən]
È stato straordinario.	**Het was bijzonder leuk.** [hɛt was bi'zɔndər 'løk]
Mi mancherà.	**Ik ga je missen.** [ik xa je 'misən]
Ci mancherà.	**Wij gaan je missen.** [wɛj xān je 'misən]

Buona fortuna!	**Veel succes!** [vēl sʉk'sɛs!]
Mi saluti ...	**De groeten aan ...** [də 'xrutən ān ...]

Lingua straniera

Non capisco.	**Ik versta het niet.** [ik vər'sta ət nit]
Può scriverlo, per favore.	**Schrijf het neer alstublieft.** [sxrɛjf ət nĕr alstʉ'blift]
Parla ...?	**Spreekt u ...?** [sprĕkt ju ...?]

Parlo un po' ...	**Ik spreek een beetje ...** [ik sprĕk ən 'bĕtjə ...]
inglese	**Engels** ['ɛŋəls]
turco	**Turks** [tʉrks]
arabo	**Arabisch** [a'rabis]
francese	**Frans** [frans]

tedesco	**Duits** [dœʏts]
italiano	**Italiaans** [itali'ãns]
spagnolo	**Spaans** [spãns]
portoghese	**Portugees** [pɔrtʉ'xẽs]
cinese	**Chinees** [ʃi'nẽs]
giapponese	**Japans** [ja'pans]

Può ripetere, per favore.	**Kunt u dat herhalen alstublieft.** [kʉnt ju dat hɛr'halən alstʉ'blift]
Capisco.	**Ik versta het.** [ik vər'sta ət]
Non capisco.	**Ik versta het niet.** [ik vər'sta ət nit]
Può parlare più piano, per favore.	**Spreek wat langzamer alstublieft.** [sprĕk wat 'laŋzamər alstʉ'blift]

È corretto?	**Is dat juist?** [is dat jœʏst?]
Cos'è questo? (Cosa significa?)	**Wat is dit?** [wat is dit?]

Chiedere scusa

Mi scusi, per favore.	**Excuseer me alstublieft.** [ɛkskʉ'zēr mə alstʉ'blift]
Mi dispiace.	**Sorry.** ['sɔri]
Mi dispiace molto.	**Het spijt me.** [hɛt spɛjt mə]
Mi dispiace, è colpa mia.	**Sorry, het is mijn schuld.** [sɔri, hɛt is mɛjn sxʉlt]
È stato un mio errore.	**Mijn schuld.** [mɛjn sxʉlt]

Posso ...?	**Mag ik ...?** [max ik ...?]
Le dispiace se ...?	**Is het goed dat ...?** [iz ət xut dat ...?]
Non fa niente.	**Het is okay.** [hɛt is ɔ'kɛj]
Tutto bene.	**Maakt niet uit.** [mākt nit œʏt]
Non si preoccupi.	**Maak je geen zorgen.** [māk je xēn 'zɔrxən]

Essere d'accordo

Sì.	**Ja.** [ja]
Sì, certo.	**Ja zeker.** [ja 'zekər]
Bene.	**Goed!** [xut!]
Molto bene.	**Uitstekend.** [œyt'stekənt]
Certamente!	**Zeker weten!** ['zekər 'wetən!]
Sono d'accordo.	**Ik ga akkoord.** [ik xa a'kōrt]

Esatto.	**Precies.** [prə'sis]
Giusto.	**Juist.** [jœyst]
Ha ragione.	**Je hebt gelijk.** [je hɛpt xə'lɛjk]
È lo stesso.	**Ik doe het graag.** [ik du ət xrāx]
È assolutamente corretto.	**Dat is juist.** [dat is jœyst]

È possibile.	**Dat is mogelijk.** [dat is 'mɔxələk]
È una buona idea.	**Dat is een goed idee.** [dat is en xut i'dē]
Non posso dire di no.	**Ik kan niet nee zeggen.** [ik kan nit nē 'zɛxən]
Ne sarei lieto /lieta/.	**Met genoegen.** [mɛt xə'nuxən]
Con piacere.	**Graag.** [xrāx]

Diniego. Esprimere incertezza

No.	**Nee.** [nē]
Sicuramente no.	**Beslist niet.** [bəs'list nit]
Non sono d'accordo.	**Daar ben ik het niet mee eens.** [dār bɛn ik ət nit mē ēns]
Non penso.	**Dat geloof ik niet.** [dat xe'lōf ik nit]
Non è vero.	**Dat is niet waar.** [dat is nit wār]

Si sbaglia.	**U maakt een fout.** [ju mākt en 'faut]
Penso che lei si stia sbagliando.	**Ik denk dat u een fout maakt.** [ik dɛnk dat ju en 'faut mākt]
Non sono sicuro.	**Ik weet het niet zeker.** [ik wēt ət nit 'zekər]
È impossibile.	**Het is onmogelijk.** [hɛt is ɔn'mɔxələk]
Assolutamente no!	**Beslist niet!** [bəs'list nit!]

Esattamente il contrario!	**Precies het tegenovergestelde!** [prə'sis hɛt 'texən·'ɔvərxɛstɛldə!]
Sono contro.	**Ik ben er tegen.** [ik bɛn ɛr 'texən]
Non m'interessa.	**Ik geef er niet om.** [ik xēf ɛr nit ɔm]
Non ne ho idea.	**Ik heb geen idee.** [ik hɛp xēn i'dē]
Dubito che sia così.	**Dat betwijfel ik.** [dat bet'wɛjfəl ik]

Mi dispiace, non posso.	**Sorry, ik kan niet.** [sɔri, ik kan nit]
Mi dispiace, non voglio.	**Sorry, ik wil niet.** ['sɔri, ik wil nit]

Non ne ho bisogno, grazie.	**Dank u, maar ik heb dit niet nodig.** [dank ju, mār ik hɛp dit nit 'nɔdəx]
È già tardi.	**Het wordt laat.** [hɛt wɔrt lāt]

Devo alzarmi presto.

Ik moet vroeg op.
[ik mut vrux ɔp]

Non mi sento bene.

Ik voel me niet lekker.
[ik vul mə nit 'lɛkər]

Esprimere gratitude

Grazie.	**Bedankt.** [bə'dankt]
Grazie mille.	**Heel erg bedankt.** [hēl ɛrx bə'dankt]
Le sono riconoscente.	**Ik stel dit zeer op prijs.** [ik stel dit zēr ɔp prɛjs]
Le sono davvero grato.	**Ik ben u erg dankbaar.** [ik bɛn ju ɛrx 'dankbār]
Le siamo davvero grati.	**Wij zijn u erg dankbaar.** [wɛj zɛjn ju ɛrx 'dankbār]

Grazie per la sua disponibilità.	**Bedankt voor uw tijd.** [bə'dankt vōr ʉw tɛjt]
Grazie di tutto.	**Dank u wel voor alles.** [dank ju wɛl vōr 'aləs]
Grazie per ...	**Bedankt voor ...** [bə'dankt vōr ...]
il suo aiuto	**uw hulp** [ʉw hʉlp]
il bellissimo tempo	**een leuke dag** [en 'løkə dax]

il delizioso pranzo	**een heerlijke maaltijd** [en 'hērlɛkə 'māltɛjt]
la bella serata	**een prettige avond** [en 'prɛtixə 'avɔnt]
la bella giornata	**een prettige dag** [en 'prɛtixə dax]
la splendida gita	**een fantastische reis** [en fan'tastise rɛjs]

Non c'è di che.	**Graag gedaan.** [xrāx xə'dān]
Prego.	**Graag gedaan.** [xrāx xə'dān]
Con piacere.	**Graag gedaan.** [xrāx xə'dān]
È stato un piacere.	**Tot uw dienst.** [tɔt ʉw dinst]
Non ci pensi neanche.	**Graag gedaan.** [xrāx xə'dān]
Non si preoccupi.	**Maak je geen zorgen.** [māk je xēn 'zɔrxən]

Congratulazioni. Auguri

Congratulazioni!	**Gefeliciteerd!**
	[xəfelisi'tērt!]
Buon compleanno!	**Gefeliciteerd met je verjaardag!**
	[xəfelisi'tērt mɛt je və'rjārdax!]
Buon Natale!	**Prettig Kerstfeest!**
	[prɛtəx 'kɛrstfēst!]
Felice Anno Nuovo!	**Gelukkig Nieuwjaar!**
	[xə'lʉkəx 'niu'jār!]

Buona Pasqua!	**Vrolijk Paasfeest!**
	[vrɔlək 'pāsfēst!]
Felice Hanukkah!	**Gelukkig Chanoeka!**
	[xə'lʉkəx 'xanuka!]

Vorrei fare un brindisi.	**Ik wil een heildronk uitbrengen.**
	[ik wil en 'hɛjldrɔnk 'œʏtbreŋen]
Salute!	**Proost!**
	[prōst!]
Beviamo a ...!	**Laten we drinken op ...!**
	[latən we 'drinkən ɔp ... !]
Al nostro successo!	**Op ons succes!**
	[ɔp ɔns sʉk'sɛs!]
Al suo successo!	**Op uw succes!**
	[ɔp ʉw sʉk'sɛs!]

Buona fortuna!	**Veel succes!**
	[vēl sʉk'sɛs!]
Buona giornata!	**Een prettige dag!**
	[en 'prɛtixə dax!]
Buone vacanze!	**Een prettige vakantie!**
	[en 'prɛtixə va'kantsi!]
Buon viaggio!	**Een veilige reis!**
	[en 'vɛjlixə rɛjs!]
Spero guarisca presto!	**Ik hoop dat u gauw weer beter bent!**
	[ik hōp dat ju 'xau wēr 'betər bɛnt!]

Socializzare

Perchè è triste?	**Waarom zie je er zo verdrietig uit?** [wā'rɔm zi je ɛr zɔ vər'dritəx œʏt?]
Sorrida!	**Lach eens! Wees vrolijk!** [lax ēns! wēs 'vrɔlək!]
È libero stasera?	**Ben je vrij vanavond?** [bɛn je vrɛj va'navɔnt?]

Posso offrirle qualcosa da bere?	**Mag ik je een drankje aanbieden?** [max ik je en 'drankje 'ānbidən?]
Vuole ballare?	**Zullen we eens dansen?** [zʉlən we ēns 'dansən?]
Andiamo al cinema.	**Laten we naar de bioscoop gaan.** [latən we nār də biɔ'skōp xān]

Posso invitarla ...?	**Mag ik je uitnodigen naar ...?** [max ik je 'œʏtnɔdixən nār ...?]
al ristorante	**een restaurant** [en rɛstɔ'ran]
al cinema	**de bioscoop** [də biɔ'skōp]
a teatro	**het theater** [hɛt te'ater]
a fare una passeggiata	**een wandeling** [en 'wandəliŋ]

A che ora?	**Hoe laat?** [hu lāt?]
stasera	**vanavond** [va'navɔnt]
alle sei	**om zes uur** [ɔm zɛs ūr]
alle sette	**om zeven uur** [ɔm 'zevən ūr]
alle otto	**om acht uur** [ɔm axt ūr]
alle nove	**om negen uur** [ɔm 'nexən ūr]

Le piace qui?	**Vind u het hier leuk?** [vint ju ət hir 'løk?]
È qui con qualcuno?	**Bent u hier met iemand?** [bɛnt ju hir mɛt i'mant?]
Sono con un amico /una amica/.	**Ik ben met mijn vriend.** [ik bɛn mɛt mɛjn vrint]

Sono con i miei amici.	**Ik ben met mijn vrienden.** [ik bɛn mɛt mɛjn 'vrindən]
No, sono da solo /sola/.	**Nee, ik ben alleen.** [ik bɛn a'lēn]

Hai il ragazzo?	**Heb jij een vriendje?** [hɛp jɛj en 'vrindje?]
Ho il ragazzo.	**Ik heb een vriendje.** [ik hɛp en 'vrindje]
Hai la ragazza?	**Heb jij een vriendin?** [hɛp jɛj en vrin'din?]
Ho la ragazza.	**Ik heb een vriendin.** [ik hɛp en vrin'din]

Posso rivederti?	**Kan ik je weer eens zien?** [kan ik je wēr ēns zin?]
Posso chiamarti?	**Mag ik je opbellen?** [max ik je ɔ'bɛlən?]
Chiamami.	**Bel me op.** [bɛl mə ɔp]
Qual'è il tuo numero?	**Wat is je nummer?** [wat is je 'nʉmər?]
Mi manchi.	**Ik mis je.** [ik mis je]

Ha un bel nome.	**U hebt een mooie naam.** [ju hɛpt en mōje nām]
Ti amo.	**Ik hou van jou.** [ik 'hau van 'jau]
Mi vuoi sposare?	**Wil je met me trouwen?** [wil je mɛt mə 'trauwən?]
Sta scherzando!	**Dat meen je niet!** [dat mēn je nit!]
Sto scherzando.	**Grapje.** [xrapje]

Lo dice sul serio?	**Meen je dat?** [mēn je dat?]
Sono serio.	**Ik meen het.** [ik mēn ət]
Davvero?!	**Heus waar?!** [høs wār?!]
È incredibile!	**Dat is ongelooflijk!** [dat is ɔnxə'lōfɫək!]
Non le credo.	**Ik geloof je niet.** [ik xə'lōf je nit]
Non posso.	**Ik kan niet.** [ik kan nit]
No so.	**Ik weet het niet.** [ik wēt ət nit]
Non la capisco.	**Ik versta u niet.** [ik vər'sta ju nit]

Per favore, vada via.	**Ga alstublieft weg.** [xa alstʉ'blift wɛx]
Mi lasci in pace!	**Laat me gerust!** [lãt mə xə'rʉst!]

Non lo sopporto.	**Ik kan hem niet uitstaan.** [ik kan hɛm nit 'œʏtstãn]
Lei è disgustoso!	**U bent een smeerlap!** [ju bɛnt ən 'smẽrlap!]
Chiamo la polizia!	**Ik ga de politie bellen!** [ik xa də po'litsi 'bɛlən!]

Comunicare impressioni ed emozioni

Mi piace.	**Dat vind ik fijn.** [dat vint ik fɛjn]
Molto carino.	**Heel mooi.** [hēl mōj]
È formidabile!	**Wat leuk!** [wat 'løk!]
Non è male.	**Dat is niet slecht.** [dat is nit slɛxt]

Non mi piace.	**Daar houd ik niet van.** [dār 'haut ik nit van]
Non è buono.	**Dat is niet goed.** [dat is nit xut]
È cattivo.	**Het is slecht.** [hɛt is slɛxt]
È molto cattivo.	**Het is heel slecht.** [hɛt is hēl slɛxt]
È disgustoso.	**Het is smerig.** [hɛt is 'smerəx]

Sono felice.	**Ik ben blij.** [ik bɛn blɛj]
Sono contento /contenta/.	**Ik ben tevreden.** [ik bɛn təv'redən]
Sono innamorato /innamorata/.	**ik ben verliefd.** [ik bɛn vər'lift]
Sono calmo.	**Ik voel me rustig.** [ik vul mə 'rʉstəx]
Sono annoiato.	**Ik verveel me.** [ik vər'vēl mə]

Sono stanco /stanca/.	**Ik ben moe.** [ik bɛn mu]
Sono triste.	**Ik ben verdrietig.** [ik bɛn vər'dritəx]
Sono spaventato.	**Ik ben bang.** [ik bɛn baŋ]
Sono arrabbiato /arrabiata/.	**Ik ben kwaad.** [ik bɛn kwāt]
Sono preoccupato /preoccupata/.	**Ik ben bezorgd.** [ik bɛn bə'zɔrxt]
Sono nervoso /nervosa/.	**Ik ben zenuwachtig.** [ik bɛn 'zenʉwaxtəx]

Sono geloso /gelosa/.

Ik ben jaloers.
[ik bɛn ja'lurs]

Sono sorpreso /sorpresa/.

Het verwondert me.
[hɛt vər'wɔndərt mə]

Sono perplesso.

Ik sta paf.
[ik sta paf]

Problemi. Incidenti

Ho un problema.	**Ik heb een probleem.** [ik hɛp ən prɔ'blēm]
Abbiamo un problema.	**Wij hebben een probleem.** [wɛj 'hɛbən en prɔ'blēm]
Sono perso /persa/.	**Ik ben de weg kwijt.** [ik bɛn də wɛx kwɛjt]
Ho perso l'ultimo autobus (treno).	**Ik heb de laatste bus (trein) gemist.** [ik hɛp də 'lātstə bʉs (trɛjn) xə'mist]
Non ho più soldi.	**Ik heb geen geld meer.** [ik hɛp xēn xɛlt mēr]

Ho perso ...	**Ik heb mijn ... verloren** [ik hɛp mɛjn ... vər'lɔrən]
Mi hanno rubato ...	**Iemand heeft mijn ... gestolen** [imant hēft mɛjn ... xəs'tɔlən]
il passaporto	**paspoort** [paspōrt]
il portafoglio	**portemonnee** [pɔrtəmɔ'nē]
i documenti	**papieren** [pa'pirən]
il biglietto	**kaartje** [kārtjə]

i soldi	**geld** [xɛlt]
la borsa	**tas** [tas]
la macchina fotografica	**camera** [kaməra]
il computer portatile	**laptop** ['lɛptɔp]
il tablet	**tablet** [tab'lɛt]
il telefono cellulare	**mobieltje** [mɔ'biltjə]

Aiuto!	**Help!** [hɛlp!]
Che cosa è successo?	**Wat is er aan de hand?** [wat is ɛr ān də hant?]
fuoco	**brand** [brant]

sparatoria	**er wordt geschoten** [ɛr wɔrt xəs'xɔtən]
omicidio	**moord** [mõrt]
esplosione	**ontploffing** [ɔntp'lɔfiŋ]
rissa	**gevecht** [xə'vɛxt]

Chiamate la polizia!	**Bel de politie!** [bɛl də pɔ'litsi!]
Per favore, faccia presto!	**Opschieten alstublieft!** [ɔpsxitən alstʉ'blift!]
Sto cercando la stazione di polizia.	**Ik zoek het politiebureau.** [ik zuk ət pɔ'litsi bʉ'rɔ]
Devo fare una telefonata.	**Ik moet opbellen.** [ik mut ɔ'bɛlən]
Posso usare il suo telefono?	**Mag ik uw telefoon gebruiken?** [max ik ʉw telə'fõn xe'brœykən?]

Sono stato /stata/ ...	**Ik ben ...** [ik bɛn ...]
aggredito /aggredita/	**overvallen** [ɔvər'valən]
derubato /derubata/	**bestolen** [bəs'tɔlən]
violentata	**verkracht** [vərk'raxt]
assalito /assalita/	**aangevallen** [ānxəvalən]

Lei sta bene?	**Gaat het?** [xāt ət?]
Ha visto chi è stato?	**Hebt u gezien wie het was?** [hɛpt ju xə'zin wi ət was?]
È in grado di riconoscere la persona?	**Zou u de persoon kunnen herkennen?** [zau ju də pɛr'sõn 'kʉnən hɛr'kɛnən?]
È sicuro?	**Bent u daar zeker van?** [bɛnt ju dār 'zekər van?]

Per favore, si calmi.	**Rustig aan alstublieft.** [rʉstəx ān alstʉ'blift]
Si calmi!	**Kalm aan!** [kalm ān!]
Non si preoccupi.	**Maak je geen zorgen!** [māk je xēn 'zɔrxən!]
Andrà tutto bene.	**Alles komt in orde.** [aləs kɔmt in 'ɔrdə]
Va tutto bene.	**Alles is in orde.** [aləs iz in 'ɔrdə]
Venga qui, per favore.	**Kom hier alstublieft.** [kɔm hir alstʉ'blift]

Devo porle qualche domanda.

Ik heb een paar vragen voor u.
[ik hɛp ən pãr 'vraxən võr ju]

Aspetti un momento, per favore.

Een ogenblikje alstublieft.
[ən 'ɔxənblikje alstʉ'blift]

Ha un documento d'identità?

Hebt u een ID-kaart?
[hɛpt ju en aj'di-kãrt?]

Grazie. Può andare ora.

Dank u. U mag nu vertrekken.
[dank ju. ju max nʉ vər'trɛkən]

Mani dietro la testa!

Handen achter uw hoofd!
[handən 'axtər ʉw hõft!]

È in arresto!

U bent onder arrest!
[ju bɛnt 'ɔndər a'rɛst!]

Problemi di salute

Mi può aiutare, per favore.	**Kunt u mij helpen alstublieft?** [kʊnt ju mɛj 'hɛlpən alstu'blift]
Non mi sento bene.	**Ik voel me niet goed.** [ik vul mə nit xut]
Mio marito non si sente bene.	**Mijn man voelt zich niet goed.** [mɛjn man vult zix nit xut]
Mio figlio ...	**Mijn zoon ...** [mɛjn zōn ...]
Mio padre ...	**Mijn vader ...** [mɛjn 'vadər ...]
Mia moglie non si sente bene.	**Mijn vrouw voelt zich niet goed.** [mɛjn 'vrau vult zix nit xut]
Mia figlia ...	**Mijn dochter ...** [mɛjn 'dɔxtər ...]
Mia madre ...	**Mijn moeder ...** [mɛjn 'mudər ...]
Ho mal di ...	**Ik heb ...** [ik hɛp ...]
testa	**hoofdpijn** [hōftpɛjn]
gola	**keelpijn** [kēlpɛjn]
pancia	**maagpijn** [māxpɛjn]
denti	**tandpijn** [tantpɛjn]
Mi gira la testa.	**Ik voel me duizelig.** [ik vul mə 'dœyzələx]
Ha la febbre. (m)	**Hij heeft koorts.** [hɛj hēft kōrts]
Ha la febbre. (f)	**Zij heeft koorts.** [zɛj hēft kōrts]
Non riesco a respirare.	**Ik heb moeite met ademen.** [ik hɛp 'mujtə mɛt 'adəmən]
Mi manca il respiro.	**Ik ben kortademig.** [ik bɛn kɔ'rtadəməx]
Sono asmatico.	**Ik ben astmatisch.** [ik bɛn astm'atis]
Sono diabetico /diabetica/.	**Ik ben diabeet.** [ik bɛn 'diabēt]

Soffro d'insonnia.	**Ik kan niet slapen.** [ik kan nit 'slapən]
intossicazione alimentare	**voedselvergiftiging** [vutsəl·vər'xiftəxiŋ]

Fa male qui.	**Het doet hier pijn.** [hɛt dut hir pɛjn]
Mi aiuti!	**Help!** [hɛlp!]
Sono qui!	**Ik ben hier!** [ik bɛn hir!]
Siamo qui!	**Wij zijn hier!** [wɛj zɛjn hir!]
Mi tiri fuori di qui!	**Kom mij halen!** [kɔm mɛj 'halən!]
Ho bisogno di un dottore.	**Ik heb een dokter nodig.** [ik hɛp ən 'dɔktər 'nɔdəx]
Non riesco a muovermi.	**Ik kan me niet bewegen.** [ik kan mə nit bə'wexən]
Non riesco a muovere le gambe.	**Ik kan mijn benen niet bewegen.** [ik kan mɛjn 'benən nit bə'wexən]

Ho una ferita.	**Ik heb een wond.** [ik hɛp ən wɔnt]
È grave?	**Is het erg?** [iz ət ɛrx?]
I miei documenti sono in tasca.	**Mijn documenten zijn in mijn zak.** [mɛjn dɔkʉ'mɛntən zɛjn in mɛjn zak]
Si calmi!	**Rustig maar!** [rʉstəx mār!]
Posso usare il suo telefono?	**Mag ik uw telefoon gebruiken?** [max ik ʉw telə'fōn xe'brœykən?]

Chiamate l'ambulanza!	**Bel een ambulance!** [bɛl en ambʉ'lansə!]
È urgente!	**Het is dringend!** [hɛt is 'driŋənt!]
È un'emergenza!	**Het is een noodgeval!** [hɛt is en 'nōtxəval!]
Per favore, faccia presto!	**Opschieten alstublieft!** [ɔpsxitən alstʉ'blift!]
Per favore, chiamate un medico.	**Kunt u alstublieft een dokter bellen?** [kʉnt ju alstʉ'blift en 'dɔktər 'bɛlən?]
Dov'è l'ospedale?	**Waar is het ziekenhuis?** [wār iz ət 'zikənhœys?]

Come si sente?	**Hoe voelt u zich?** [hu vult ju zix?]
Sta bene?	**Hoe gaat het?** [hu xāt ət?]
Che cosa è successo?	**Wat is er gebeurd?** [wat is ɛr xə'børt?]

Mi sento meglio ora.

Ik voel me nu wat beter.
[ik vul mə nʉ wat 'betər]

Va bene.

Het is okay.
[hɛt is ɔ'kɛj]

Va tutto bene.

Het gaat beter.
[hɛt xāt 'betər]

In farmacia

farmacia	**apotheek** [apɔ'tēk]
farmacia di turno	**dag en nacht apotheek** [dax en naxt apɔ'tēk]
Dov'è la farmacia più vicina?	**Waar is de meest nabij gelegen apotheek?** [wãr is də mēst na'bɛj xə'lexən apɔ'tēk?]

È aperta a quest'ora?	**Is hij nu open?** [is hɛj nʉ 'ɔpən?]
A che ora apre?	**Hoe laat gaat hij open?** [hu lãt xãt hɛj 'ɔpən?]
A che ora chiude?	**Hoe laat sluit hij?** [hu lãt slœyt hɛj?]

È lontana?	**Is het ver?** [iz ət vɛr?]
Posso andarci a piedi?	**Kan ik er lopend naar toe?** [kan ik ɛr 'lɔpənt nãr tu?]
Può mostrarmi sulla piantina?	**Kunt u het op de plattegrond aanwijzen?** [kʉnt ju ət op də platə'xrɔnt 'ãnwɛjzən?]

Per favore, può darmi qualcosa per ...	**Geef mij alstublieft iets voor ...** [xēf mɛj alstʉ'blift its võr ...]
il mal di testa	**hoofdpijn** [hõftpɛjn]
la tosse	**hoest** [hust]
il raffreddore	**verkoudheid** [vər'kauthɛjt]
l'influenza	**de griep** [də xrip]

la febbre	**koorts** [kõrts]
il mal di stomaco	**maagpijn** [mãxpɛjn]
la nausea	**misselijkheid** ['misələkhɛjt]
la diarrea	**diarree** [dia'rē]

la costipazione	**constipatie** [kɔnsti'patsi]
mal di schiena	**rugpijn** [rʉxpɛjn]
dolore al petto	**pijn in mijn borst** [pɛjn in mɛjn bɔrst]
fitte al fianco	**steek in de zij** [stēk in də zɛj]
dolori addominali	**pijn in mijn onderbuik** [pɛjn in mɛjn 'ɔndərbœʏk]

pastiglia	**pil** [pil]
pomata	**zalf, crème** [zalf, krɛ:m]
sciroppo	**stroop** [strōp]
spray	**verstuiver** [vərstœʏvər]
gocce	**druppels** [drʉpəls]

Deve andare in ospedale.	**U moet naar het ziekenhuis.** [ju mut nār ət 'zikənhœʏs]
assicurazione sanitaria	**ziektekostenverzekering** [ziktəkɔstən·vər'zekəriŋ]
prescrizione	**voorschrift** [vōrsxrift]
insettifugo	**anti-insecten middel** [anti-in'sɛktən 'midəl]
cerotto	**pleister** ['plɛjstər]

Il minimo indispensabile

Mi scusi, ...	**Pardon, ...** [par'dɔn, ...]
Buongiorno.	**Hallo.** [halɔ]
Grazie.	**Bedankt.** [bə'dankt]
Arrivederci.	**Tot ziens.** [tɔt zins]
Sì.	**Ja.** [ja]
No.	**Nee.** [nē]
Non lo so.	**Ik weet het niet.** [ik wēt ət nit]
Dove? | Dove? (~ stai andando?) | Quando?	**Waar? | Waarheen? | Wanneer?** [wǎr? | wǎr'hēn? | wa'nēr?]
Ho bisogno di ...	**Ik heb ... nodig** [ik hɛp ... 'nodəx]
Voglio ...	**Ik wil ...** [ik wil ...]
Avete ...?	**Hebt u ...?** [hɛpt ju ...?]
C'è un /una/ ... qui?	**Is hier een ...?** [is hir en ...?]
Posso ...?	**Mag ik ...?** [max ik ...?]
per favore	**... alstublieft** [... alstʉ'blift]
Sto cercando ...	**Ik zoek ...** [ik zuk ...]
il bagno	**toilet** [twa'lɛt]
un bancomat	**geldautomaat** [xɛlt·autɔ'māt]
una farmacia	**apotheek** [apɔ'tēk]
un ospedale	**ziekenhuis** [zikənhœys]
la stazione di polizia	**politiebureau** [pɔ\'litsi bʉ\'rɔ]
la metro	**metro** ['metrɔ]

| un taxi | **taxi**
[taksi] |
| la stazione (ferroviaria) | **station**
[sta'tsjɔn] |

Mi chiamo ...	**Ik heet ...** [ik hēt ...]
Come si chiama?	**Hoe heet u?** [hu hēt ju?]
Mi può aiutare, per favore?	**Kunt u me helpen alstublieft?** [kʉnt ju mə 'hɛlpən alstʉ'blift?]
Ho un problema.	**Ik heb een probleem.** [ik hɛp en prɔ'blēm]
Mi sento male.	**Ik voel me niet goed.** [ik vul mə nit xut]
Chiamate l'ambulanza!	**Bel een ambulance!** [bɛl en ambʉ'lansə!]
Posso fare una telefonata?	**Mag ik opbellen?** [max ik ɔ'bɛlən?]

| Mi dispiace. | **Sorry.**
['sɔri] |
| Prego. | **Graag gedaan.**
[xrãx xə'dãn] |

io	**Ik, mij** [ik, mɛj]
tu	**jij** [jɛj]
lui	**hij** [hɛj]
lei	**zij** [zɛj]
loro (m)	**zij** [zɛj]
loro (f)	**zij** [zɛj]
noi	**wij** [wɛj]
voi	**jullie** ['juli]
Lei	**u** [ju]

ENTRATA	**INGANG** [inxaŋ]
USCITA	**UITGANG** [œytxaŋ]
FUORI SERVIZIO	**BUITEN GEBRUIK** [bœytən xə'brœγk]
CHIUSO	**GESLOTEN** [xə'slɔtən]

APERTO

DONNE

UOMINI

OPEN
['ɔpən]

DAMES
[daməs]

HEREN
['herən]

DIZIONARIO RIDOTTO

Questa sezione contiene
più di 1.500 termini utili.
Il dizionario include molti
termini gastronomici che
risulteranno utili per ordinare
pietanze al ristorante o per
fare acquisti di genere
alimentare

T&P Books Publishing

INDICE DEL DIZIONARIO

T&P Books Publishing

T&P Books Publishing

1. Orario. Calendario

tempo (m)	**tijd (de)**	[tɛjt]
ora (f)	**uur (het)**	[ūr]
mezzora (f)	**halfuur (het)**	[half 'ūr]
minuto (m)	**minuut (de)**	[mi'nūt]
secondo (m)	**seconde (de)**	[se'kɔndə]
oggi (avv)	**vandaag**	[van'dāx]
domani	**morgen**	['mɔrxən]
ieri (avv)	**gisteren**	['xistərən]
lunedì (m)	**maandag (de)**	['māndax]
martedì (m)	**dinsdag (de)**	['dinsdax]
mercoledì (m)	**woensdag (de)**	['wunsdax]
giovedì (m)	**donderdag (de)**	['dɔndərdax]
venerdì (m)	**vrijdag (de)**	['vrɛjdax]
sabato (m)	**zaterdag (de)**	['zatərdax]
domenica (f)	**zondag (de)**	['zɔndax]
giorno (m)	**dag (de)**	[dax]
giorno (m) lavorativo	**werkdag (de)**	['wɛrk·dax]
giorno (m) festivo	**feestdag (de)**	['fēst·dax]
fine (m) settimana	**weekend (het)**	['wikənt]
settimana (f)	**week (de)**	[wēk]
la settimana scorsa	**vorige week**	['vɔrixə wēk]
la settimana prossima	**volgende week**	['vɔlxəndə wēk]
levata (f) del sole	**zonsopgang (de)**	[zɔns'ɔpxaŋ]
tramonto (m)	**zonsondergang (de)**	[zɔns'ɔndərxaŋ]
di mattina	**'s morgens**	[s 'mɔrxəns]
nel pomeriggio	**'s middags**	[s 'midax]
di sera	**'s avonds**	[s 'avɔnts]
stasera	**vanavond**	[va'navɔnt]
di notte	**'s nachts**	[s naxts]
mezzanotte (f)	**middernacht (de)**	['midər·naxt]
gennaio (m)	**januari (de)**	[janʉ'ari]
febbraio (m)	**februari (de)**	[febrʉ'ari]
marzo (m)	**maart (de)**	[mārt]
aprile (m)	**april (de)**	[ap'ril]
maggio (m)	**mei (de)**	[mɛj]
giugno (m)	**juni (de)**	['juni]
luglio (m)	**juli (de)**	['juli]
agosto (m)	**augustus (de)**	[au'xʉstʉs]

settembre (m)	september (de)	[sɛp'tɛmbər]
ottobre (m)	oktober (de)	[ɔk'tɔbər]
novembre (m)	november (de)	[nɔ'vɛmbər]
dicembre (m)	december (de)	[de'sɛmbər]

in primavera	in de lente	[in də 'lɛntə]
in estate	in de zomer	[in də 'zɔmər]
in autunno	in de herfst	[in də hɛrfst]
in inverno	in de winter	[in də 'wintər]

mese (m)	maand (de)	[mānt]
stagione (f) (estate, ecc.)	seizoen (het)	[sɛj'zun]
anno (m)	jaar (het)	[jār]
secolo (m)	eeuw (de)	[ēw]

2. Numeri. Numerali

cifra (f)	cijfer (het)	['sɛjfər]
numero (m)	nummer (het)	['nʉmər]
meno (m)	minteken (het)	['min·tekən]
più (m)	plusteken (het)	['plʉs·tekən]
somma (f)	som (de), totaal (het)	[sɔm], [tɔ'tāl]

primo	eerste	['ērstə]
secondo	tweede	['twēdə]
terzo	derde	['dɛrdə]

zero (m)	nul	[nʉl]
uno	een	[ən]
due	twee	[twē]
tre	drie	[dri]
quattro	vier	[vir]

cinque	vijf	[vɛjf]
sei	zes	[zɛs]
sette	zeven	['zevən]
otto	acht	[axt]
nove	negen	['nexən]
dieci	tien	[tin]

undici	elf	[ɛlf]
dodici	twaalf	[twālf]
tredici	dertien	['dɛrtin]
quattordici	veertien	['vērtin]
quindici	vijftien	['vɛjftin]

sedici	zestien	['zɛstin]
diciassette	zeventien	['zevəntin]
diciotto	achttien	['axtin]
diciannove	negentien	['nexəntin]

venti	twintig	['twintəx]
trenta	dertig	['dɛrtəx]
quaranta	veertig	['vērtəx]
cinquanta	vijftig	['vɛjftəx]

sessanta	zestig	['zɛstəx]
settanta	zeventig	['zevəntəx]
ottanta	tachtig	['tahtəx]
novanta	negentig	['nexəntəx]
cento	honderd	['hɔndərt]
duecento	tweehonderd	[twē·'hɔndərt]
trecento	driehonderd	[dri·'hɔndərt]
quattrocento	vierhonderd	[vir·'hɔndərt]
cinquecento	vijfhonderd	[vɛjf·'hɔndərt]

seicento	zeshonderd	[zɛs·'hɔndərt]
settecento	zevenhonderd	['zevən·'hɔndərt]
ottocento	achthonderd	[axt·'hɔndərt]
novecento	negenhonderd	['nexən·'hɔndərt]
mille	duizend	['dœyzənt]

diecimila	tienduizend	[tin·'dœyzənt]
centomila	honderdduizend	['hɔndərt·'dœyzənt]
milione (m)	miljoen (het)	[mi'ljun]
miliardo (m)	miljard (het)	[mi'ljart]

3. L'uomo. Membri della famiglia

uomo (m) (adulto maschio)	man (de)	[man]
giovane (m)	jongen (de)	['jɔŋən]
adolescente (m, f)	tiener, adolescent (de)	['tinər], [adɔlɛ'sɛnt]
donna (f)	vrouw (de)	['vrau]
ragazza (f)	meisje (het)	['mɛjɕə]

età (f)	leeftijd (de)	['lēftɛjt]
adulto (m)	volwassen	[vɔl'wasən]
di mezza età	van middelbare leeftijd	[van 'midəlbarə 'lēftɛjt]
anziano (agg)	bejaard	[bɛ'jārt]
vecchio (agg)	oud	['aut]

vecchio (m)	oude man (de)	['audə man]
vecchia (f)	oude vrouw (de)	['audə 'vrau]
pensionamento (m)	pensioen (het)	[pɛn'ʃun]
andare in pensione	met pensioen gaan	[mɛt pɛn'ʃun xān]
pensionato (m)	gepensioneerde (de)	[xəpɛnʃə'nērdə]

madre (f)	moeder (de)	['mudər]
padre (m)	vader (de)	['vadər]
figlio (m)	zoon (de)	[zõn]
figlia (f)	dochter (de)	['dɔxtər]

fratello (m)	broer (de)	[brur]
fratello (m) maggiore	oudere broer (de)	['audərə brur]
fratello (m) minore	jongere broer (de)	['joŋərə brur]
sorella (f)	zuster (de)	['zʉstər]
sorella (f) maggiore	oudere zuster (de)	['audərə 'zʉstər]
sorella (f) minore	jongere zuster (de)	['joŋərə 'zʉstər]
genitori (m pl)	ouders	['audərs]
bambino (m)	kind (het)	[kint]
bambini (m pl)	kinderen	['kindərən]
matrigna (f)	stiefmoeder (de)	['stif·mudər]
patrigno (m)	stiefvader (de)	['stif·vadər]
nonna (f)	oma (de)	['ɔma]
nonno (m)	opa (de)	['ɔpa]
nipote (m) (figlio di un figlio)	kleinzoon (de)	[klɛjn·zõn]
nipote (f)	kleindochter (de)	[klɛjn·'dɔxtər]
nipoti (pl)	kleinkinderen	[klɛjn·'kindərən]
zio (m)	oom (de)	[õm]
zia (f)	tante (de)	['tantə]
nipote (m) (figlio di un fratello)	neef (de)	[nẽf]
nipote (f)	nicht (de)	[nixt]
moglie (f)	vrouw (de)	['vrau]
marito (m)	man (de)	[man]
sposato (agg)	gehuwd	[xə'hʉwt]
sposata (agg)	gehuwd	[xə'hʉwt]
vedova (f)	weduwe (de)	['wedʉwə]
vedovo (m)	weduwnaar (de)	['wedʉwnãr]
nome (m)	naam (de)	[nãm]
cognome (m)	achternaam (de)	['axtər·nãm]
parente (m)	familielid (het)	[fa'mililit]
amico (m)	vriend (de)	[vrint]
amicizia (f)	vriendschap (de)	['vrintsxap]
partner (m)	partner (de)	['partnər]
capo (m), superiore (m)	baas (de)	[bãs]
collega (m)	collega (de)	[kɔ'lexa]
vicini (m pl)	buren	['bʉrən]

4. Corpo umano. Anatomia

organismo (m)	organisme (het)	[ɔrxa'nismə]
corpo (m)	lichaam (het)	['lixãm]
cuore (m)	hart (het)	[hart]
sangue (m)	bloed (het)	[blut]

cervello (m)	hersenen	['hɛrsənən]
nervo (m)	zenuw (de)	['zenʉw]
osso (m)	been (het)	[bēn]
scheletro (m)	skelet (het)	[ske'lɛt]
colonna (f) vertebrale	ruggengraat (de)	['rʉxə·xrāt]
costola (f)	rib (de)	[rib]
cranio (m)	schedel (de)	['sxedəl]
muscolo (m)	spier (de)	[spir]
polmoni (m pl)	longen	['lɔŋən]
pelle (f)	huid (de)	['hœʏt]
testa (f)	hoofd (het)	[hõft]
viso (m)	gezicht (het)	[xə'ziht]
naso (m)	neus (de)	['nøs]
fronte (f)	voorhoofd (het)	['võrhõft]
guancia (f)	wang (de)	[waŋ]
bocca (f)	mond (de)	[mɔnt]
lingua (f)	tong (de)	[tɔŋ]
dente (m)	tand (de)	[tant]
labbra (f pl)	lippen	['lipən]
mento (m)	kin (de)	[kin]
orecchio (m)	oor (het)	[õr]
collo (m)	hals (de)	[hals]
gola (f)	keel (de)	[kēl]
occhio (m)	oog (het)	[õx]
pupilla (f)	pupil (de)	[pʉ'pil]
sopracciglio (m)	wenkbrauw (de)	['wɛnk·brau]
ciglio (m)	wimper (de)	['wimpər]
capelli (m pl)	haren	['harən]
pettinatura (f)	kapsel (het)	['kapsəl]
baffi (m pl)	snor (de)	[snɔr]
barba (f)	baard (de)	[bārt]
portare (~ la barba, ecc.)	dragen	['draxən]
calvo (agg)	kaal	[kāl]
mano (f)	hand (de)	[hant]
braccio (m)	arm (de)	[arm]
dito (m)	vinger (de)	['viŋər]
unghia (f)	nagel (de)	['naxəl]
palmo (m)	handpalm (de)	['hantpalm]
spalla (f)	schouder (de)	['sxaudər]
gamba (f)	been (het)	[bēn]
pianta (f) del piede	voet (de)	[vut]
ginocchio (m)	knie (de)	[kni]
tallone (m)	hiel (de)	[hil]
schiena (f)	rug (de)	[rʉx]

vita (f)	taille (de)	['tajə]
neo (m)	huidvlek (de)	['hœʏt·vlɛk]
voglia (f) (~ di fragola)	moedervlek (de)	['mudər·vlɛk]

5. Medicinali. Malattie. Farmaci

salute (f)	gezondheid (de)	[xə'zɔnthɛjt]
sano (agg)	gezond	[xə'zɔnt]
malattia (f)	ziekte (de)	['ziktə]
essere malato	ziek zijn	[zik zɛjn]
malato (agg)	ziek	[zik]
raffreddore (m)	verkoudheid (de)	[vər'kauthɛjt]
raffreddarsi (vr)	verkouden raken	[vər'kaudən 'rakən]
tonsillite (f)	angina (de)	[an'xina]
polmonite (f)	longontsteking (de)	['lɔŋ·ɔntstekiŋ]
influenza (f)	griep (de)	[xrip]
raffreddore (m)	snotneus (de)	[snɔt'nøs]
tosse (f)	hoest (de)	[hust]
tossire (vi)	hoesten	['hustən]
starnutire (vi)	niezen	['nizən]
ictus (m) cerebrale	beroerte (de)	[bə'rurtə]
attacco (m) di cuore	hartinfarct (het)	['hart·in'farkt]
allergia (f)	allergie (de)	[alɛr'xi]
asma (f)	astma (de/het)	['astma]
diabete (m)	diabetes (de)	[dia'betəs]
tumore (m)	tumor (de)	['tʉmɔr]
cancro (m)	kanker (de)	['kankər]
alcolismo (m)	alcoholisme (het)	[alkɔhɔ'lismə]
AIDS (m)	AIDS (de)	[ets]
febbre (f)	koorts (de)	[kōrts]
mal (m) di mare	zeeziekte (de)	[zē·'ziktə]
livido (m)	blauwe plek (de)	['blauə plɛk]
bernoccolo (m)	buil (de)	['bœʏl]
zoppicare (vi)	hinken	['hinkən]
slogatura (f)	verstuiking (de)	[vər'stœʏkiŋ]
slogarsi (vr)	verstuiken	[vər'stœʏkən]
frattura (f)	breuk (de)	['brøk]
scottatura (f)	brandwond (de)	['brant·wont]
ferita (f)	blessure (de)	[blɛ'sʉrə]
dolore (m), male (m)	pijn (de)	[pɛjn]
mal (m) di denti	tandpijn (de)	['tand·pɛjn]
sudare (vi)	zweten	['zwetən]
sordo (agg)	doof	[dōf]

muto (agg)	stom	[stɔm]
immunità (f)	immuniteit (de)	[imʉni'tɛjt]
virus (m)	virus (het)	['virʉs]
microbo (m)	microbe (de)	[mik'robə]
batterio (m)	bacterie (de)	[bak'teri]
infezione (f)	infectie (de)	[in'fɛksi]
ospedale (m)	ziekenhuis (het)	['zikən·hœys]
cura (f)	genezing (de)	[xə'neziŋ]
vaccinare (vt)	inenten	['inɛntən]
essere in coma	in coma liggen	[in 'kɔma 'lixən]
rianimazione (f)	intensieve zorg, ICU (de)	[intən'sivə zɔrx], [isɛ'ju]
sintomo (m)	symptoom (het)	[simp'tõm]
polso (m)	polsslag (de)	['pɔls·slax]

6. Sentimenti. Emozioni. Conversazione

io	ik	[ik]
tu	jij, je	[jɛj], [jə]
lui	hij	[hɛj]
lei	zij, ze	[zɛj], [zə]
esso	het	[ət]
noi	wij, we	[wɛj], [wə]
voi	jullie	['juli]
loro	zij, ze	[zɛj], [zə]
Salve!	Hallo! Dag!	[ha'lɔ dax]
Buongiorno!	Hallo!	[ha'lɔ]
Buongiorno! (la mattina)	Goedemorgen!	['xudə·'mɔrxən]
Buon pomeriggio!	Goedemiddag!	['xudə·'midax]
Buonasera!	Goedenavond!	['xudən·'avɔnt]
salutare (vt)	gedag zeggen	[xe'dax 'zexən]
salutare (vt)	verwelkomen	[vər'wɛlkɔmən]
Come sta? Come stai?	Hoe gaat het?	[hu xãt ət]
Arrivederci!	Tot ziens!	[tɔt 'tsins]
Ciao!	Doei!	['dui]
Grazie!	Dank u!	[dank ju]
sentimenti (m pl)	gevoelens	[xə'vuləns]
avere fame	honger hebben	['hɔŋər 'hɛbən]
avere sete	dorst hebben	[dɔrst 'hɛbən]
stanco (agg)	moe	[mu]
essere preoccupato	bezorgd zijn	[bə'zɔrxt zɛjn]
essere nervoso	zenuwachtig zijn	['zenʉw·ahtəx zɛjn]
speranza (f)	hoop (de)	[hõp]
sperare (vi, vt)	hopen	['hɔpən]
carattere (m)	karakter (het)	[ka'raktər]

modesto (agg)	bescheiden	[bə'sxɛjdən]
pigro (agg)	lui	['lœɣ]
generoso (agg)	gul	[xjul]
di talento	talentrijk	[ta'lɛntrɛjk]

onesto (agg)	eerlijk	['ērlək]
serio (agg)	ernstig	['ɛrnstəx]
timido (agg)	schuchter	['sxʉxtər]
sincero (agg)	oprecht	[ɔp'rɛxt]
codardo (m)	lafaard (de)	['lafãrt]

dormire (vi)	slapen	['slapən]
sogno (m)	droom (de)	[drōm]
letto (m)	bed (het)	[bɛt]
cuscino (m)	kussen (het)	['kʉsən]

insonnia (f)	slapeloosheid (de)	['slapəlōshɛjt]
andare a letto	gaan slapen	[xān 'slapən]
incubo (m)	nachtmerrie (de)	['naxtmɛri]
sveglia (f)	wekker (de)	['wɛkər]

sorriso (m)	glimlach (de)	['xlimlah]
sorridere (vi)	glimlachen	['xlimlahən]
ridere (vi)	lachen	['laxən]

litigio (m)	ruzie (de)	['rʉzi]
insulto (m)	belediging (de)	[bə'ledəxiŋ]
offesa (f)	krenking (de)	['krenkiŋ]
arrabbiato (agg)	boos	[bōs]

7. Abbigliamento. Accessori personali

vestiti (m pl)	kleren (mv.)	['klerən]
cappotto (m)	jas (de)	[jas]
pelliccia (f)	bontjas (de)	[bɔnt jas]
giubbotto (m), giaccha (f)	jasje (het)	['jaɕə]
impermeabile (m)	regenjas (de)	['rexən jas]
camicia (f)	overhemd (het)	['ɔvərhɛmt]
pantaloni (m pl)	broek (de)	[bruk]
giacca (f) (~ di tweed)	colbert (de)	['kɔlbər]
abito (m) da uomo	kostuum (het)	[kɔs'tūm]

abito (m)	jurk (de)	[jurk]
gonna (f)	rok (de)	[rɔk]
maglietta (f)	T-shirt (het)	['tiʃøt]
accappatoio (m)	badjas (de)	['batjas]
pigiama (m)	pyjama (de)	[pi'jama]
tuta (f) da lavoro	werkkleding (de)	['wɛrk·'klediŋ]
biancheria (f) intima	ondergoed (het)	['ɔndərxut]
calzini (m pl)	sokken	['sɔkən]

reggiseno (m)	beha (de)	[be'ha]
collant (m)	panty (de)	['pɛnti]
calze (f pl)	nylonkousen	['nɛjlɔn·'kausən]
costume (m) da bagno	badpak (het)	['bad·pak]

cappello (m)	hoed (de)	[hut]
calzature (f pl)	schoeisel (het)	['sxuisəl]
stivali (m pl)	laarzen	['lãrzən]
tacco (m)	hiel (de)	[hil]
laccio (m)	veter (de)	['vetər]
lucido (m) per le scarpe	schoensmeer (de/het)	['sxun·smēr]

cotone (m)	katoen (de/het)	[ka'tun]
lana (f)	wol (de)	[wɔl]
pelliccia (f)	bont (het)	[bɔnt]

guanti (m pl)	handschoenen	['xand 'sxunən]
manopole (f pl)	wanten	['wantən]
sciarpa (f)	sjaal (de)	[ɕãl]
occhiali (m pl)	bril (de)	[bril]
ombrello (m)	paraplu (de)	[parap'lʉ]

cravatta (f)	das (de)	[das]
fazzoletto (m)	zakdoek (de)	['zagduk]
pettine (m)	kam (de)	[kam]
spazzola (f) per capelli	haarborstel (de)	[hãr·'bɔrstəl]
fibbia (f)	gesp (de)	[xɛsp]
cintura (f)	broekriem (de)	['bruk·rim]
borsetta (f)	damestas (de)	['daməs·tas]

collo (m)	kraag (de)	[krãx]
tasca (f)	zak (de)	[zak]
manica (f)	mouw (de)	['mau]
patta (f) (~ dei pantaloni)	gulp (de)	[xjulp]

cerniera (f) lampo	rits (de)	[rits]
bottone (m)	knoop (de)	[knõp]
sporcarsi (vr)	vies worden	[vis 'wɔrdən]
macchia (f)	vlek (de)	[vlɛk]

8. Città. Servizi cittadini

negozio (m)	winkel (de)	['winkəl]
centro (m) commerciale	winkelcentrum (het)	['winkəl·'sɛntrʉm]
supermercato (m)	supermarkt (de)	['sʉpərmarkt]
negozio (m) di scarpe	schoenwinkel (de)	['sxun·'winkəl]
libreria (f)	boekhandel (de)	['bukən·'handəl]

farmacia (f)	apotheek (de)	[apɔ'tēk]
panetteria (f)	bakkerij (de)	['bakərɛj]

pasticceria (f)	banketbakkerij (de)	[ban'ket·bakə'rɛj]
drogheria (f)	kruidenier (de)	[krœydə'nir]
macelleria (f)	slagerij (de)	[slaxə'rɛj]
fruttivendolo (m)	groentewinkel (de)	['xruntə·'winkəl]
mercato (m)	markt (de)	[markt]

salone (m) di parrucchiere	kapperssalon (de/het)	['kapərs·sa'lɔn]
ufficio (m) postale	postkantoor (het)	[pɔst·kan'tōr]
lavanderia (f) a secco	stomerij (de)	[stɔmɛ'rɛj]
circo (m)	circus (de/het)	['sirkʉs]
zoo (m)	dierentuin (de)	['dīrən·tœyn]
teatro (m)	theater (het)	[te'atər]
cinema (m)	bioscoop (de)	[biɔ'skōp]
museo (m)	museum (het)	[mʉ'zejum]
biblioteca (f)	bibliotheek (de)	[bibliɔ'tēk]

moschea (f)	moskee (de)	[mɔs'kē]
sinagoga (f)	synagoge (de)	[sina'xɔxə]
cattedrale (f)	kathedraal (de)	[kate'drāl]
tempio (m)	tempel (de)	['tɛmpəl]
chiesa (f)	kerk (de)	[kɛrk]

istituto (m)	instituut (het)	[insti'tūt]
università (f)	universiteit (de)	[junivɛrsi'tɛjt]
scuola (f)	school (de)	[sxōl]

albergo, hotel (m)	hotel (het)	[hɔ'tɛl]
banca (f)	bank (de)	[bank]
ambasciata (f)	ambassade (de)	[amba'sadə]
agenzia (f) di viaggi	reisbureau (het)	[rɛjs·bʉ'rɔ]

metropolitana (f)	metro (de)	['metrɔ]
ospedale (m)	ziekenhuis (het)	['zikən·hœys]
distributore (m) di benzina	benzinestation (het)	[bɛn'zinə·sta'tsjɔn]
parcheggio (m)	parking (de)	['parkiŋ]

ENTRATA	INGANG	['inxaŋ]
USCITA	UITGANG	['œytxaŋ]
SPINGERE	DUWEN	['dʉwən]
TIRARE	TREKKEN	['trɛkən]

APERTO	OPEN	['ɔpən]
CHIUSO	GESLOTEN	[xə'slotən]

monumento (m)	monument (het)	[mɔnʉ'mɛnt]
fortezza (f)	vesting (de)	['vɛstiŋ]
palazzo (m)	paleis (het)	[pa'lɛjs]

medievale (agg)	middeleeuws	['midəlēws]
antico (agg)	oud	['aut]
nazionale (agg)	nationaal	[natsjɔ'nāl]
famoso (agg)	bekend	[bə'kɛnt]

9. Denaro. Mezzi finanziari

soldi (m pl)	geld (het)	[xɛlt]
moneta (f)	muntstuk (de)	['mʉntstʉk]
dollaro (m)	dollar (de)	['dɔlar]
euro (m)	euro (de)	[ørɔ]
bancomat (m)	geldautomaat (de)	[xɛlt·auto'māt]
ufficio (m) dei cambi	wisselkantoor (het)	['wisəl·kan'tōr]
corso (m) di cambio	koers (de)	[kurs]
contanti (m pl)	baar geld (het)	[bār 'xɛlt]
Quanto?	Hoeveel?	[hu'vēl]
pagare (vi, vt)	betalen	[bə'talən]
pagamento (m)	betaling (de)	[bə'taliŋ]
resto (m) (dare il ~)	wisselgeld (het)	['wisəl·xɛlt]
prezzo (m)	prijs (de)	[prɛjs]
sconto (m)	korting (de)	['kɔrtiŋ]
a buon mercato	goedkoop	[xut'kōp]
caro (agg)	duur	[dūr]
banca (f)	bank (de)	[bank]
conto (m)	bankrekening (de)	[bank·'rekəniŋ]
carta (f) di credito	kredietkaart (de)	[kre'dit·kārt]
assegno (m)	cheque (de)	[ʃɛk]
emettere un assegno	een cheque uitschrijven	[ən ʃɛk œyt'sxrɛjvən]
libretto (m) di assegni	chequeboekje (het)	[ʃɛk·'bukjə]
debito (m)	schuld (de)	[sxʉlt]
debitore (m)	schuldenaar (de)	['sxʉldənār]
prestare (~ i soldi)	uitlenen	['œytlənən]
prendere in prestito	lenen	['lenən]
noleggiare (~ un abito)	huren	['hʉrən]
a credito	op krediet	[ɔp kre'dit]
portafoglio (m)	portefeuille (de)	[pɔrte'fœyə]
cassaforte (f)	safe (de)	[sef]
eredità (f)	erfenis (de)	['ɛrfənis]
fortuna (f)	fortuin (het)	[fɔr'tœyn]
imposta (f)	belasting (de)	[bə'lastiŋ]
multa (f), ammenda (f)	boete (de)	['butə]
multare (vt)	beboeten	[bə'butən]
all'ingrosso (agg)	groothandels-	[xrōt·'handəls]
al dettaglio (agg)	kleinhandels-	[klɛjn·'handəls]
assicurare (vt)	verzekeren	[vər'zekərən]
assicurazione (f)	verzekering (de)	[vər'zekəriŋ]
capitale (m)	kapitaal (het)	[kapi'tāl]
giro (m) di affari	omzet (de)	['ɔmzɛt]

azione (f)	aandeel (het)	['ãndēl]
profitto (m)	winst (de)	[winst]
redditizio (agg)	winstgevend	[winst'xevənt]

crisi (f)	crisis (de)	['krisis]
bancarotta (f)	bankroet (het)	[bank'rut]
fallire (vi)	bankroet gaan	[bank'rut xãn]

contabile (m)	boekhouder (de)	[buk 'haudər]
stipendio (m)	salaris (het)	[sa'laris]
premio (m)	premie (de)	['premi]

10. Trasporto

autobus (m)	bus, autobus (de)	[bʉs], ['autɔbʉs]
tram (m)	tram (de)	[trɛm]
filobus (m)	trolleybus (de)	['trɔlibʉs]

andare in ...	rijden met ...	['rɛjdən mɛt]
salire (~ sull'autobus)	stappen	['stapən]
scendere da ...	afstappen	['afstapən]

fermata (f) (~ dell'autobus)	halte (de)	['haltə]
capolinea (m)	eindpunt (het)	['ɛjnt·pʉnt]
orario (m)	dienstregeling (de)	[dinst·'rexəliŋ]
biglietto (m)	kaartje (het)	['kãrtʃə]
essere in ritardo	te laat zijn	[tə 'lãt zɛjn]

taxi (m)	taxi (de)	['taksi]
in taxi	met de taxi	[mɛt də 'taksi]
parcheggio (m) di taxi	taxistandplaats (de)	['taksi·'stant·plãts]

traffico (m)	verkeer (het)	[vər'kēr]
ore (f pl) di punta	spitsuur (het)	['spits·ūr]
parcheggiarsi (vr)	parkeren	[par'kerən]

metropolitana (f)	metro (de)	['metrɔ]
stazione (f)	halte (de)	['haltə]
treno (m)	trein (de)	[trɛjn]
stazione (f) ferroviaria	station (het)	[sta'tsjɔn]
rotaie (f pl)	rails	['rɛjls]
scompartimento (m)	coupé (de)	[ku'pɛ]
cuccetta (f)	bed (het)	[bɛt]

aereo (m)	vliegtuig (het)	['vlixtœɣx]
biglietto (m) aereo	vliegticket (het)	['vlix·'tikət]
compagnia (f) aerea	luchtvaart-maatschappij (de)	['lʉxtvãrt mãtsxa'pɛj]
aeroporto (m)	luchthaven (de)	['lʉxthavən]
volo (m)	vlucht (de)	[vlʉxt]

| bagaglio (m) | bagage (de) | [ba'xaʒə] |
| carrello (m) | bagagekarretje (het) | [ba'xaʒə·'karɛtʃə] |

nave (f)	schip (het)	[sxip]
transatlantico (m)	lijnschip (het)	['lɛjn·sxip]
yacht (m)	jacht (het)	[jaxt]
barca (f)	boot (de)	[bõt]

capitano (m)	kapitein (de)	[kapi'tɛjn]
cabina (f)	kajuit (de)	[kajœʏt]
porto (m)	haven (de)	['havən]

bicicletta (f)	fiets (de)	[fits]
motorino (m)	bromfiets (de)	['brɔmfits]
motocicletta (f)	motorfiets (de)	['mɔtɔrfits]
pedale (m)	pedaal (de/het)	[pe'dāl]
pompa (f)	pomp (de)	[pɔmp]
ruota (f)	wiel (het)	[wil]

automobile (f)	auto (de)	['autɔ]
ambulanza (f)	ambulance (de)	[ambʉ'lansə]
camion (m)	vrachtwagen (de)	['vraht·'waxən]
di seconda mano	tweedehands	[twēdə'hants]
incidente (m)	auto-ongeval (het)	['autɔ-'ɔŋɛval]
riparazione (f)	reparatie (de)	[repa'ratsi]

11. Cibo. Parte 1

carne (f)	vlees (het)	[vlēs]
pollo (m)	kip (de)	[kip]
anatra (f)	eend (de)	[ēnt]

maiale (m)	varkensvlees (het)	['varkəns·vlēs]
vitello (m)	kalfsvlees (het)	['kalfs·vlēs]
agnello (m)	schapenvlees (het)	['sxapən·vlēs]
manzo (m)	rundvlees (het)	['rʉnt·vlēs]

salame (m)	worst (de)	[wɔrst]
uovo (m)	ei (het)	[ɛj]
pesce (m)	vis (de)	[vis]
formaggio (m)	kaas (de)	[kās]
zucchero (m)	suiker (de)	[sœʏkər]
sale (m)	zout (het)	['zaut]

riso (m)	rijst (de)	[rɛjst]
pasta (f)	pasta (de)	['pasta]
burro (m)	boter (de)	['botər]
olio (m) vegetale	plantaardige olie (de)	[plant'ārdixə 'ɔli]
pane (m)	brood (het)	[brõt]
cioccolato (m)	chocolade (de)	[ʃɔkɔ'ladə]

vino (m)	**wijn (de)**	[wɛjn]
caffè (m)	**koffie (de)**	['kɔfi]
latte (m)	**melk (de)**	[mɛlk]
succo (m)	**sap (het)**	[sap]
birra (f)	**bier (het)**	[bir]
tè (m)	**thee (de)**	[tē]

pomodoro (m)	**tomaat (de)**	[tɔ'māt]
cetriolo (m)	**augurk (de)**	[au'xʉrk]
carota (f)	**wortel (de)**	['wɔrtəl]
patata (f)	**aardappel (de)**	['ārd·apəl]
cipolla (f)	**ui (de)**	['œy]
aglio (m)	**knoflook (de)**	['knŏflɔk]

cavolo (m)	**kool (de)**	[kōl]
barbabietola (f)	**rode biet (de)**	['rɔdə bit]
melanzana (f)	**aubergine (de)**	[ɔbɛr'ʒinə]
aneto (m)	**dille (de)**	['dilə]
lattuga (f)	**sla (de)**	[sla]
mais (m)	**maïs (de)**	[majs]

frutto (m)	**vrucht (de)**	[vrʉxt]
mela (f)	**appel (de)**	['apəl]
pera (f)	**peer (de)**	[pēr]
limone (m)	**citroen (de)**	[si'trun]
arancia (f)	**sinaasappel (de)**	['sināsapəl]
fragola (f)	**aardbei (de)**	['ārd·bɛj]

prugna (f)	**pruim (de)**	['prœym]
lampone (m)	**framboos (de)**	[fram'bōs]
ananas (m)	**ananas (de)**	['ananas]
banana (f)	**banaan (de)**	[ba'nān]
anguria (f)	**watermeloen (de)**	['watərmɛ'lun]
uva (f)	**druif (de)**	[drœyf]
melone (m)	**meloen (de)**	[mə'lun]

12. Cibo. Parte 2

cucina (f)	**keuken (de)**	['køkən]
ricetta (f)	**recept (het)**	[re'sɛpt]
cibo (m)	**eten (het)**	['etən]

fare colazione	**ontbijten**	[ɔn'bɛjtən]
pranzare (vi)	**lunchen**	['lʉnʃən]
cenare (vi)	**souperen**	[su'perən]

gusto (m)	**smaak (de)**	[smāk]
buono, gustoso (agg)	**lekker**	['lɛkər]
freddo (agg)	**koud**	['kaut]
caldo (agg)	**heet**	[hēt]

dolce (gusto)	zoet	[zut]
salato (agg)	gezouten	[xə'zautən]

panino (m)	boterham (de)	['bɔtərham]
contorno (m)	garnering (de)	[xar'neriŋ]
ripieno (m)	vulling (de)	['vʉliŋ]
salsa (f)	saus (de)	['saus]
pezzo (m) (~ di torta)	stuk (het)	[stʉk]
dieta (f)	dieet (het)	[di'ĕt]
vitamina (f)	vitamine (de)	[vita'minə]
caloria (f)	calorie (de)	[kalo'ri]
vegetariano (m)	vegetariër (de)	[vəxɛ'tarier]

ristorante (m)	restaurant (het)	[rɛsto'rant]
caffè (m)	koffiehuis (het)	['kɔfi·hœys]
appetito (m)	eetlust (de)	['ĕtlʉst]
Buon appetito!	Eet smakelijk!	[ĕt 'smakələk]

cameriere (m)	kelner, ober (de)	['kɛlnər], ['ɔbər]
cameriera (f)	serveerster (de)	[sɛr'vĕrstər]
barista (m)	barman (de)	['barman]
menù (m)	menu (het)	[me'nʉ]
cucchiaio (m)	lepel (de)	['lepəl]
coltello (m)	mes (het)	[mɛs]
forchetta (f)	vork (de)	[vɔrk]
tazza (f)	kopje (het)	['kɔpjə]

piatto (m)	bord (het)	[bɔrt]
piattino (m)	schoteltje (het)	['sxɔteltʃə]
tovagliolo (m)	servet (het)	[sɛr'vɛt]
stuzzicadenti (m)	tandenstoker (de)	['tandən·'stɔkər]

ordinare (~ il pranzo)	bestellen	[bə'stɛlen]
piatto (m) (~ principale)	gerecht (het)	[xe'rɛht]
porzione (f)	portie (de)	['pɔrsi]
antipasto (m)	voorgerecht (het)	['vŏrxərɛht]
insalata (f)	salade (de)	[sa'ladə]
minestra (f)	soep (de)	[sup]

dolce (m)	dessert (het)	[dɛ'sɛ:r]
marmellata (f)	confituur (de)	[kɔnfi'tʉr]
gelato (m)	ijsje (het)	['ɛisjə], ['ɛiʃə]
conto (m)	rekening (de)	['rekəniŋ]
pagare il conto	de rekening betalen	[də 'rekəniŋ bə'talən]
mancia (f)	fooi (de)	[fŏj]

13. Casa. Appartamento. Parte 1

casa (f)	huis (het)	['hœys]
casa (f) di campagna	landhuisje (het)	['lant·hœyɕə]

villa (f)	villa (de)	['vila]
piano (m)	verdieping (de)	[vər'dipiŋ]
entrata (f)	ingang (de)	['inxaŋ]
muro (m)	muur (de)	[mūr]
tetto (m)	dak (het)	[dak]
ciminiera (f)	schoorsteen (de)	['sxōr·stēn]

soffitta (f)	zolder (de)	['zɔldər]
finestra (f)	venster (het)	['vɛnstər]
davanzale (m)	vensterbank (de)	['vɛnstər·bank]
balcone (m)	balkon (het)	[bal'kɔn]

scala (f)	trap (de)	[trap]
cassetta (f) della posta	postbus (de)	['pɔst·bʉs]
secchio (m) della spazzatura	vuilnisbak (de)	['vœʏlnis·bak]
ascensore (m)	lift (de)	[lift]

elettricità (f)	elektriciteit (de)	[ɛlɛktrisi'tɛjt]
lampadina (f)	lamp (de)	[lamp]
interruttore (m)	schakelaar (de)	['sxakəlār]
presa (f) elettrica	stopcontact (het)	['stɔp·kɔn'takt]
fusibile (m)	zekering (de)	['zekəriŋ]

porta (f)	deur (de)	['dør]
maniglia (f)	deurkruk (de)	['dør·krʉk]
chiave (f)	sleutel (de)	['sløtəl]
zerbino (m)	deurmat (de)	['dør·mat]

serratura (f)	slot (het)	[slɔt]
campanello (m)	deurbel (de)	['dør·bel]
bussata (f)	geklop (het)	[xə'klɔp]
bussare (vi)	kloppen	['klɔpən]
spioncino (m)	deurspion (de)	['dør·spiɔn]

cortile (m)	cour (de)	[kur]
giardino (m)	tuin (de)	['tœʏn]
piscina (f)	zwembad (het)	['zwɛm·bat]
palestra (f)	gym (het)	[ʒim]
campo (m) da tennis	tennisveld (het)	['tɛnis·vɛlt]
garage (m)	garage (de)	[xa'raʒə]

proprietà (f) privata	privé-eigendom (het)	[pri've-'ɛjxəndɔm]
cartello (m) di avvertimento	waarschuwings-bord (het)	['wārsxjuviŋs bɔrt]
sicurezza (f)	bewaking (de)	[bə'wakiŋ]
guardia (f) giurata	bewaker (de)	[bə'wakər]

lavori (m pl) di restauro	renovatie (de)	[renɔ'vatsi]
rinnovare (ridecorare)	renoveren	[renɔ'virən]
mettere in ordine	op orde brengen	[ɔp 'ɔrdə 'brɛŋən]
pitturare (~ un muro)	verven	['vɛrvən]

carta (f) da parati	behang (het)	[bə'haŋ]
verniciare (vt)	lakken	['lakən]
tubo (m)	buis, leiding (de)	['bœʏs], ['lɛjdiŋ]
strumenti (m pl)	gereedschap (het)	[xə'rētsxap]
seminterrato (m)	kelder (de)	['kɛldər]
fognatura (f)	riolering (de)	[riɔ'lɛriŋ]

14. Casa. Appartamento. Parte 2

appartamento (m)	appartement (het)	[apartə'mɛnt]
camera (f), stanza (f)	kamer (de)	['kamər]
camera (f) da letto	slaapkamer (de)	['slāp·kamər]
sala (f) da pranzo	eetkamer (de)	[ēt·'kamər]
salotto (m)	salon (de)	[sa'lɔn]
studio (m)	studeerkamer (de)	[stu'dēr·'kamər]
ingresso (m)	gang (de)	[xaŋ]
bagno (m)	badkamer (de)	['bat·kamər]
gabinetto (m)	toilet (het)	[tua'lɛt]
pavimento (m)	vloer (de)	[vlur]
soffitto (m)	plafond (het)	[pla'fɔnt]
spolverare (vt)	stoffen	['stɔfən]
aspirapolvere (m)	stofzuiger (de)	['stɔf·zœʏxər]
passare l'aspirapolvere	stofzuigen	['stɔf·zœʏxən]
frettazzo (m)	zwabber (de)	['zwabər]
strofinaccio (m)	poetsdoek (de)	['putsduk]
scopa (f)	veger (de)	['vexər]
paletta (f)	stofblik (het)	['stɔf·blik]
mobili (m pl)	meubels	['møbəl]
tavolo (m)	tafel (de)	['tafəl]
sedia (f)	stoel (de)	[stul]
poltrona (f)	fauteuil (de)	[fo'tøj]
libreria (f)	boekenkast (de)	['bukən·kast]
ripiano (m)	boekenrek (het)	['bukən·rɛk]
armadio (m)	kledingkast (de)	['klediŋ·kast]
specchio (m)	spiegel (de)	['spixəl]
tappeto (m)	tapijt (het)	[ta'pɛjt]
camino (m)	haard (de)	[hārt]
tende (f pl)	gordijnen	[xɔr'dɛjnən]
lampada (f) da tavolo	bureaulamp (de)	[bʉ'rɔ·lamp]
lampadario (m)	luchter (de)	['lʉxtər]
cucina (f)	keuken (de)	['køkən]
fornello (m) a gas	gasfornuis (het)	[xas·fɔr'nœʏs]
fornello (m) elettrico	elektrisch fornuis (het)	[ɛ'lɛktris fɔr'nœʏs]

forno (m) a microonde	magnetronoven (de)	['mahnətrɔn·'ɔvən]
frigorifero (m)	koelkast (de)	['kul·kast]
congelatore (m)	diepvriezer (de)	[dip·'vrizər]
lavastoviglie (f)	vaatwasmachine (de)	['vātwas·ma'ʃinə]
rubinetto (m)	kraan (de)	[krān]

tritacarne (m)	vleesmolen (de)	['vlēs·mɔlən]
spremifrutta (m)	vruchtenpers (de)	['vrʉxtən·pɛrs]
tostapane (m)	toaster (de)	['tōstər]
mixer (m)	mixer (de)	['miksər]

macchina (f) da caffè	koffiemachine (de)	['kɔfi·ma'ʃinə]
bollitore (m)	fluitketel (de)	['flœyt·'ketəl]
teiera (f)	theepot (de)	['tē·pɔt]

televisore (m)	televisie (de)	[telə'vizi]
videoregistratore (m)	videorecorder (de)	['videɔ·re'kɔrdər]
ferro (m) da stiro	strijkijzer (het)	['strɛjk·ɛjzər]
telefono (m)	telefoon (de)	[telə'fõn]

15. Attività lavorative. Condizione sociale

direttore (m)	directeur (de)	[dirɛk'tør]
superiore (m)	baas (de)	[bãs]
presidente (m)	president (de)	[prezi'dɛnt]
assistente (m)	assistent (de)	[asi'stɛnt]
segretario (m)	secretaris (de)	[sekre'taris]

proprietario (m)	eigenaar (de)	['ɛjxənār]
partner (m)	partner (de)	['partnər]
azionista (m)	aandeelhouder (de)	['āndēl·haudər]

uomo (m) d'affari	zakenman (de)	['zakənman]
milionario (m)	miljonair (de)	[milju'nɛ:r]
miliardario (m)	miljardair (de)	[miljar'dɛ:r]

attore (m)	acteur (de)	[ak'tør]
architetto (m)	architect (de)	[arʃi'tɛkt]
banchiere (m)	bankier (de)	[baŋ'kir]
broker (m)	makelaar (de)	['makəlār]
veterinario (m)	dierenarts (de)	['dīrən·arts]
medico (m)	dokter, arts (de)	['dɔktər], [arts]
cameriera (f)	kamermeisje (het)	['kamər·'mɛjɕə]
designer (m)	designer (de)	[di'zajnər]
corrispondente (m)	correspondent (de)	[kɔrɛspɔn'dɛnt]
fattorino (m)	koerier (de)	[ku'rir]

elettricista (m)	elektricien (de)	[ɛlɛktri'sjen]
musicista (m)	muzikant (de)	[mʉzi'kant]
baby-sitter (m, f)	babysitter (de)	['bɛjbisitər]

| parrucchiere (m) | kapper (de) | ['kapər] |
| pastore (m) | herder (de) | ['hɛrdər] |

cantante (m)	zanger (de)	['zaŋər]
traduttore (m)	vertaler (de)	[vər'talər]
scrittore (m)	schrijver (de)	['sxrɛjvər]
falegname (m)	timmerman (de)	['timərman]
cuoco (m)	kok (de)	[kɔk]

pompiere (m)	brandweerman (de)	['brantwēr·man]
poliziotto (m)	politieagent (de)	[pɔ'litsi·a'xɛnt]
postino (m)	postbode (de)	['pɔst·bɔdə]
programmatore (m)	programmeur (de)	[prɔxra'mør]
commesso (m)	verkoper (de)	[vər'kɔpər]

operaio (m)	arbeider (de)	['arbɛjdər]
giardiniere (m)	tuinman (de)	['tœʏn·man]
idraulico (m)	loodgieter (de)	['lōtxitər]
dentista (m)	tandarts (de)	['tand·arts]
hostess (f)	stewardess (de)	[stʉwər'dɛs]

danzatore (m)	danser (de)	['dansər]
guardia (f) del corpo	lijfwacht (de)	['lɛjf·waxt]
scienziato (m)	wetenschapper (de)	['wetənsxapər]
insegnante (m, f)	meester (de)	['mēstər]

fattore (m)	landbouwer (de)	['lantbauər]
chirurgo (m)	chirurg (de)	[ʃi'rʉrx]
minatore (m)	mijnwerker (de)	['mɛjn·wɛrkər]
capocuoco (m)	chef-kok (de)	[ʃɛf-'kɔk]
autista (m)	chauffeur (de)	[ʃɔ'før]

16. Sport

sport (m)	soort sport (de/het)	[sōrt spɔrt]
calcio (m)	voetbal (het)	['vutbal]
hockey (m)	hockey (het)	['hɔki]
pallacanestro (m)	basketbal (het)	['bāskɛtbal]
baseball (m)	baseball (het)	['bejzbɔl]

pallavolo (m)	volleybal (het)	['vɔlibal]
pugilato (m)	boksen (het)	['bɔksən]
lotta (f)	worstelen (het)	['wɔrstələn]
tennis (m)	tennis (het)	['tɛnis]
nuoto (m)	zwemmen (het)	['zwɛmən]

scacchi (m pl)	schaak (het)	[sxāk]
corsa (f)	hardlopen (het)	['hardlɔpən]
atletica (f) leggera	atletiek (de)	[atle'tik]
pattinaggio (m) artistico	kunstschaatsen (het)	['kʉnst·'sxātsən]

ciclismo (m)	wielersport (de)	['wilər·spɔrt]
biliardo (m)	biljart (het)	[bi'ljart]
culturismo (m)	bodybuilding (de)	[bɔdi·'bildiŋ]
golf (m)	golf (het)	[gɔlf]
immersione (f) subacquea	duiken (het)	['dœʏkən]
vela (f)	zeilen (het)	['zɛjlən]
tiro (m) con l'arco	boogschieten (het)	['bōx·'sxitən]

tempo (m)	helft (de)	[hɛlft]
intervallo (m)	pauze (de)	['pauzə]
pareggio (m)	gelijkspel (het)	[xə'lɛjk·spɛl]
pareggiare (vi)	in gelijk spel eindigen	[in xə'lɛjk spɛl 'ɛjndixən]

tapis roulant (m)	loopband (de)	['lōp·bant]
giocatore (m)	speler (de)	['spelər]
riserva (f)	reservespeler (de)	[re'zɛrvə·'spelər]
panchina (f)	reservebank (de)	[re'zɛrvə·bank]

partita (f)	match, wedstrijd (de)	[matʃ], ['wɛtstrɛjt]
porta (f)	doel (het)	[dul]
portiere (m)	doelman (de)	['dulman]
gol (m)	goal (de)	[gōl]

Giochi (m pl) Olimpici	Olympische Spelen	[ɔ'limpisə 'spelən]
stabilire un record	een record breken	[en re'kɔr 'brekən]
finale (m)	finale (de)	[fi'nalə]
campione (m)	kampioen (de)	[kam'pjun]
campionato (m)	kampioenschap (het)	[kam'pjunsxap]

vincitore (m)	winnaar (de)	['winār]
vittoria (f)	overwinning (de)	[ɔvər'winiŋ]
vincere (vi)	winnen	['winən]
perdere (vt)	verliezen	[vər'lizən]
medaglia (f)	medaille (de)	[me'dajə]

primo posto (m)	eerste plaats (de)	['ērstə plāts]
secondo posto (m)	tweede plaats (de)	['twēdə plāts]
terzo posto (m)	derde plaats (de)	['dɛrdə plāts]

stadio (m)	stadion (het)	[stadi'ɔn]
tifoso, fan (m)	fan, supporter (de)	[fan], [sʉ'pɔrtər]
allenatore (m)	trainer, coach (de)	['trɛnər], [kɔtʃ]
allenamento (m)	training (de)	['trɛjniŋ]

17. Lingue straniere. Ortografia

lingua (f)	taal (de)	[tāl]
studiare (vt)	leren	['lerən]
pronuncia (f)	uitspraak (de)	['œʏtsprāk]
accento (m)	accent (het)	[ak'sɛnt]

sostantivo (m)	zelfstandig naamwoord (het)	[zɛlf'standix 'nāmwõrt]
aggettivo (m)	bijvoeglijk naamwoord (het)	[bɛj'fuxlək 'nāmwõrt]
verbo (m)	werkwoord (het)	['wɛrk·vort]
avverbio (m)	bijwoord (het)	['bɛj·wõrt]

pronome (m)	voornaamwoord (het)	['võrnām·wõrt]
interiezione (f)	tussenwerpsel (het)	['tʉsən·'wɛrpsəl]
preposizione (f)	voorzetsel (het)	['võrzɛtsəl]

radice (f)	stam (de)	[stam]
desinenza (f)	achtervoegsel (het)	['axtər·vuxsəl]
prefisso (m)	voorvoegsel (het)	['võr·vuxsəl]
sillaba (f)	lettergreep (de)	['lɛtər·xrēp]
suffisso (m)	achtervoegsel (het)	['axtər·vuxsəl]

accento (m)	nadruk (de)	['nadrʉk]
punto (m)	punt (de)	[pʉnt]
virgola (f)	komma (de/het)	['kɔma]
due punti	dubbelpunt (de)	['dʉbəl·pʉnt]
puntini di sospensione	beletselteken (het)	[bə'lɛtsel·'tekən]

domanda (f)	vraag (de)	[vrāx]
punto (m) interrogativo	vraagteken (het)	['vrāx·tekən]
punto (m) esclamativo	uitroepteken (het)	['œytrup·tekən]

tra virgolette	tussen aanhalingstekens	['tʉsən 'ānhaliŋ's·tekəns]
tra parentesi	tussen haakjes	['tʉsən 'hākjəs]
lettera (f)	letter (de)	['lɛtər]
lettera (f) maiuscola	hoofdletter (de)	[hõft·'lɛtər]

proposizione (f)	zin (de)	[zin]
gruppo (m) di parole	woordgroep (de)	['wõrt·xrup]
espressione (f)	uitdrukking (de)	['œydrykiŋ]

soggetto (m)	onderwerp (het)	['ɔndərwɛrp]
predicato (m)	gezegde (het)	[xə'zɛxdə]
riga (f)	regel (de)	['rexəl]
capoverso (m)	alinea (de)	[a'linɛa]

sinonimo (m)	synoniem (het)	[sinɔ'nim]
antonimo (m)	antoniem (het)	[antɔ'nim]
eccezione (f)	uitzondering (de)	['œytzɔndəriŋ]
sottolineare (vt)	onderstrepen	['ɔndər'strepən]

regole (f pl)	regels	['rexəls]
grammatica (f)	grammatica (de)	[xra'matika]
lessico (m)	vocabulaire (het)	[vɔkabʉ'lɛ:r]
fonetica (f)	fonetiek (de)	[fɔnɛ'tik]
alfabeto (m)	alfabet (het)	['alfabət]
manuale (m)	leerboek (het)	['lēr·buk]

dizionario (m)	woordenboek (het)	['wōrdən·buk]
frasario (m)	taalgids (de)	['tāl·xits]
vocabolo (m)	woord (het)	[wōrt]
significato (m)	betekenis (de)	[bə'tekənis]
memoria (f)	geheugen (het)	[xə'høxən]

18. La Terra. Geografia

la Terra	Aarde (de)	['ārdə]
globo (m) terrestre	aardbol (de)	['ārd·bɔl]
pianeta (m)	planeet (de)	[pla'nēt]
geografia (f)	aardrijkskunde (de)	['ārdrɛjkskʉndə]
natura (f)	natuur (de)	[na'tūr]
carta (f) geografica	kaart (de)	[kārt]
atlante (m)	atlas (de)	['atlas]
al nord	in het noorden	[in ət 'nōrdən]
al sud	in het zuiden	[in ət 'zœʏdən]
all'ovest	in het westen	[in ət 'wɛstən]
all'est	in het oosten	[in ət 'ōstən]
mare (m)	zee (de)	[zē]
oceano (m)	oceaan (de)	[ɔse'ān]
golfo (m)	golf (de)	[xɔlf]
stretto (m)	straat (de)	[strāt]
continente (m)	continent (het)	[kɔnti'nɛnt]
isola (f)	eiland (het)	['ɛjlant]
penisola (f)	schiereiland (het)	['sxir·ɛjlant]
arcipelago (m)	archipel (de)	[arxipɛl]
porto (m)	haven (de)	['havən]
barriera (f) corallina	koraalrif (het)	[kɔ'rāl·rif]
litorale (m)	oever (de)	['uvər]
costa (f)	kust (de)	[kʉst]
alta marea (f)	vloed (de)	['vlut]
bassa marea (f)	eb (de)	[ɛb]
latitudine (f)	breedtegraad (de)	['brētə·xrāt]
longitudine (f)	lengtegraad (de)	['lɛŋtə·xrāt]
parallelo (m)	parallel (de)	[para'lɛl]
equatore (m)	evenaar (de)	['ɛvənār]
cielo (m)	hemel (de)	['heməl]
orizzonte (m)	horizon (de)	['hɔrizɔn]
atmosfera (f)	atmosfeer (de)	[atmɔ'sfēr]
monte (m), montagna (f)	berg (de)	[bɛrx]

cima (f)	bergtop (de)	['bɛrx·tɔp]
falesia (f)	klip (de)	[klip]
collina (f)	heuvel (de)	['høvəl]

vulcano (m)	vulkaan (de)	[vʉl'kān]
ghiacciaio (m)	gletsjer (de)	['xletʃər]
cascata (f)	waterval (de)	['watər·val]
pianura (f)	vlakte (de)	['vlaktə]

fiume (m)	rivier (de)	[ri'vir]
fonte (f) (sorgente)	bron (de)	[brɔn]
riva (f)	oever (de)	['uvər]
a valle	stroomafwaarts	[strōm·'afwārts]
a monte	stroomopwaarts	[strōm·'ɔpwārts]

lago (m)	meer (het)	[mēr]
diga (f)	dam (de)	[dam]
canale (m)	kanaal (het)	[ka'nāl]
palude (f)	moeras (het)	[mu'ras]
ghiaccio (m)	ijs (het)	[ɛjs]

19. Paesi. Parte 1

Europa (f)	Europa (het)	[ø'rɔpa]
Unione (f) Europea	Europese Unie (de)	[ørɔ'pezə 'juni]
europeo (m)	Europeaan (de)	[ørɔpe'ān]
europeo (agg)	Europees	[ørɔ'pēs]

Austria (f)	Oostenrijk (het)	['ōstənrɛjk]
Gran Bretagna (f)	Groot-Brittannië (het)	[xrōt-bri'taniə]
Inghilterra (f)	Engeland (het)	['ɛŋɛlant]
Belgio (m)	België (het)	['bɛlxiə]
Germania (f)	Duitsland (het)	['dœʏtslant]

Paesi Bassi (m pl)	Nederland (het)	['nedərlant]
Olanda (f)	Holland (het)	['hɔlant]
Grecia (f)	Griekenland (het)	['xrikənlant]
Danimarca (f)	Denemarken (het)	['denəmarkən]
Irlanda (f)	Ierland (het)	['īrlant]

Islanda (f)	IJsland (het)	['ɛjslant]
Spagna (f)	Spanje (het)	['spanjə]
Italia (f)	Italië (het)	[i'taliə]
Cipro (m)	Cyprus (het)	['siprʉs]
Malta (f)	Malta (het)	['malta]

Norvegia (f)	Noorwegen (het)	['nōrwexən]
Portogallo (f)	Portugal (het)	[portʉxal]
Finlandia (f)	Finland (het)	['finlant]
Francia (f)	Frankrijk (het)	['frankrɛjk]

Svezia (f)	Zweden (het)	['zwedən]
Svizzera (f)	Zwitserland (het)	['zwitsərlant]
Scozia (f)	Schotland (het)	['sxɔtlant]
Vaticano (m)	Vaticaanstad (de)	[vati'kān·stat]
Liechtenstein (m)	Liechtenstein (het)	['lixtɛnstɛjn]
Lussemburgo (m)	Luxemburg (het)	['lʉksɛmbʉrx]

Monaco (m)	Monaco (het)	[mɔ'nakɔ]
Albania (f)	Albanië (het)	[al'baniə]
Bulgaria (f)	Bulgarije (het)	[bʉlxa'rɛjə]
Ungheria (f)	Hongarije (het)	[hɔnxa'rɛjə]
Lettonia (f)	Letland (het)	['lɛtlant]

Lituania (f)	Litouwen (het)	[li'tauən]
Polonia (f)	Polen (het)	['polən]
Romania (f)	Roemenië (het)	[ru'meniə]
Serbia (f)	Servië (het)	['sɛrviə]
Slovacchia (f)	Slowakije (het)	[slɔwa'kɛjə]

Croazia (f)	Kroatië (het)	[krɔ'asiə]
Repubblica (f) Ceca	Tsjechië (het)	['ʧɛxiə]
Estonia (f)	Estland (het)	['ɛstlant]
Bosnia-Erzegovina (f)	Bosnië en Herzegovina (het)	['bɔsniə ən hɛrzə'xɔvina]
Macedonia (f)	Macedonië (het)	[make'dɔniə]

Slovenia (f)	Slovenië (het)	[slɔ'vɛniə]
Montenegro (m)	Montenegro (het)	[mɔntə'nɛxrɔ]
Bielorussia (f)	Wit-Rusland (het)	[wit-'rʉslant]
Moldavia (f)	Moldavië (het)	[mɔl'daviə]
Russia (f)	Rusland (het)	['rʉslant]
Ucraina (f)	Oekraïne (het)	[ukra'inə]

20. Paesi. Parte 2

Asia (f)	Azië (het)	['āzijə]
Vietnam (m)	Vietnam (het)	[vjet'nam]
India (f)	India (het)	['india]
Israele (m)	Israël (het)	['israɛl]
Cina (f)	China (het)	['ʃina]

Libano (m)	Libanon (het)	['libanɔn]
Mongolia (f)	Mongolië (het)	[mɔn'xɔliə]
Malesia (f)	Maleisië (het)	[ma'lɛjziə]
Pakistan (m)	Pakistan (het)	['pakistan]
Arabia Saudita (f)	Saoedi-Arabië (het)	[sa'udi-a'rabiə]

Tailandia (f)	Thailand (het)	['tailant]
Taiwan (m)	Taiwan (het)	[taj'wan]
Turchia (f)	Turkije (het)	[tʉr'kɛjə]

| Giappone (m) | Japan (het) | [ja'pan] |
| Afghanistan (m) | Afghanistan (het) | [af'xanistan] |

Bangladesh (m)	Bangladesh (het)	[banhla'dɛʃ]
Indonesia (f)	Indonesië (het)	[indɔ'nɛsiə]
Giordania (f)	Jordanië (het)	[jor'daniə]
Iraq (m)	Irak (het)	[i'rak]
Iran (m)	Iran (het)	[i'ran]
Cambogia (f)	Cambodja (het)	[kam'bɔdja]
Kuwait (m)	Koeweit (het)	[ku'wɛjt]
Laos (m)	Laos (het)	['laɔs]
Birmania (f)	Myanmar (het)	['mjanmar]
Nepal (m)	Nepal (het)	[ne'pal]

Emirati (m pl) Arabi	Verenigde Arabische Emiraten	[və'rɛnixdə a'rabisə ɛmi'ratən]
Siria (f)	Syrië (het)	['siriə]
Palestina (f)	Palestijnse autonomie (de)	[pale'stɛjnsə autɔnɔ'mi]

| Corea (f) del Sud | Zuid-Korea (het) | ['zœyd-kɔ'rea] |
| Corea (f) del Nord | Noord-Korea (het) | [nõrd-kɔ'rea] |

Stati (m pl) Uniti d'America	Verenigde Staten van Amerika	[və'rɛnixdə 'statən van a'merika]
Canada (m)	Canada (het)	['kanada]
Messico (m)	Mexico (het)	['meksikɔ]
Argentina (f)	Argentinië (het)	[arxɛn'tiniə]
Brasile (m)	Brazilië (het)	[bra'ziliə]
Colombia (f)	Colombia (het)	[kɔ'lɔmbia]
Cuba (f)	Cuba (het)	['kʉba]
Cile (m)	Chili (het)	['ʃili]
Venezuela (f)	Venezuela (het)	[venəzʉ'ɛla]
Ecuador (m)	Ecuador (het)	[ɛkwa'dɔr]

Le Bahamas	Bahama's	[ba'hamas]
Panama (m)	Panama (het)	['panama]
Egitto (m)	Egypte (het)	[ɛ'xiptə]
Marocco (m)	Marokko (het)	[ma'rokɔ]
Tunisia (f)	Tunesië (het)	[tʉ'nɛziə]

Kenya (m)	Kenia (het)	['kenia]
Libia (f)	Libië (het)	['libiə]
Repubblica (f) Sudafricana	Zuid-Afrika (het)	['zœyd-'afrika]
Australia (f)	Australië (het)	[ɔu'straliə]
Nuova Zelanda (f)	Nieuw-Zeeland (het)	[niu-'zēlant]

21. Tempo. Disastri naturali

| tempo (m) | weer (het) | [wēr] |
| previsione (f) del tempo | weersvoorspelling (de) | ['wērs·võr'spɛliŋ] |

temperatura (f)	temperatuur (de)	[tɛmpəra'tūr]
termometro (m)	thermometer (de)	['tɛrmɔmetər]
barometro (m)	barometer (de)	['barɔ'metər]
sole (m)	zon (de)	[zɔn]
splendere (vi)	schijnen	['sxɛjnən]
di sole (una giornata ~)	zonnig	['zɔnɛx]
sorgere, levarsi (vr)	opgaan	['ɔpxān]
tramontare (vi)	ondergaan	['ɔndərxān]
pioggia (f)	regen (de)	['rexən]
piove	het regent	[ət 'rexənt]
pioggia (f) torrenziale	plensbui (de)	['plɛnsbœy]
nube (f) di pioggia	regenwolk (de)	['rexən·wɔlk]
pozzanghera (f)	plas (de)	[plas]
bagnarsi	nat worden	[nat 'wɔrdən]
(~ sotto la pioggia)		
temporale (m)	noodweer (het)	['nɔtwer]
fulmine (f)	bliksem (de)	['bliksəm]
lampeggiare (vi)	flitsen	['flitsən]
tuono (m)	donder (de)	['dɔndər]
tuona	het dondert	[ət 'dɔndərt]
grandine (f)	hagel (de)	['haxəl]
grandina	het hagelt	[ət 'haxəlt]
caldo (m), afa (f)	hitte (de)	['hitə]
fa molto caldo	het is heet	[ət is hēt]
fa caldo	het is warm	[ət is warm]
fa freddo	het is koud	[ət is 'kaut]
foschia (f), nebbia (f)	mist (de)	[mist]
nebbioso (agg)	mistig	['mistəx]
nuvola (f)	wolk (de)	[wɔlk]
nuvoloso (agg)	bewolkt	[bə'wɔlkt]
umidità (f)	vochtigheid (de)	['vɔhtixhɛjt]
neve (f)	sneeuw (de)	[snēw]
nevica	het sneeuwt	[ət 'snēwt]
gelo (m)	vorst (de)	[vɔrst]
sotto zero	onder nul	['ɔndər nʉl]
brina (f)	rijp (de)	[rɛjp]
maltempo (m)	onweer (het)	['ɔnwēr]
disastro (m)	ramp (de)	[ramp]
inondazione (f)	overstroming (de)	[ɔvər'strɔmiŋ]
valanga (f)	lawine (de)	[la'winə]
terremoto (m)	aardbeving (de)	['ārd·beviŋ]
scossa (f)	aardschok (de)	['ārd·sxɔk]
epicentro (m)	epicentrum (het)	[ɛpi'sɛntrʉm]
eruzione (f)	uitbarsting (de)	['œytbarstiŋ]

lava (f)	lava (de)	['lava]
tornado (m)	windhoos (de)	['windhōs]
tromba (f) d'aria	wervelwind (de)	['wɛrvəl·vint]
uragano (m)	orkaan (de)	[ɔr'kān]
tsunami (m)	tsunami (de)	[tsʉ'nami]
ciclone (m)	cycloon (de)	[si'klōn]

22. Animali. Parte 1

| animale (m) | dier (het) | [dĩr] |
| predatore (m) | roofdier (het) | ['rōf·dĩr] |

tigre (f)	tijger (de)	['tɛjxər]
leone (m)	leeuw (de)	[lēw]
lupo (m)	wolf (de)	[wɔlf]
volpe (m)	vos (de)	[vɔs]
giaguaro (m)	jaguar (de)	['jaguar]

lince (f)	lynx (de)	[links]
coyote (m)	coyote (de)	[kɔ'jot]
sciacallo (m)	jakhals (de)	['jakhals]
iena (f)	hyena (de)	[hi'ena]

scoiattolo (m)	eekhoorn (de)	['ēkhōrn]
riccio (m)	egel (de)	['exəl]
coniglio (m)	konijn (het)	[kɔ'nɛjn]
procione (f)	wasbeer (de)	['wasbēr]

criceto (m)	hamster (de)	['hamstər]
talpa (f)	mol (de)	[mɔl]
topo (m)	muis (de)	[mœys]
ratto (m)	rat (de)	[rat]
pipistrello (m)	vleermuis (de)	['vlēr·mœys]

castoro (m)	bever (de)	['bɛvər]
cavallo (m)	paard (het)	[pārt]
cervo (m)	hert (het)	[hɛrt]
cammello (m)	kameel (de)	[ka'mēl]
zebra (f)	zebra (de)	['zɛbra]

balena (f)	walvis (de)	['walvis]
foca (f)	rob (de)	[rɔb]
tricheco (m)	walrus (de)	['walrʉs]
delfino (m)	dolfijn (de)	[dɔl'fɛjn]

orso (m)	beer (de)	[bēr]
scimmia (f)	aap (de)	[āp]
elefante (m)	olifant (de)	['ɔlifant]
rinoceronte (m)	neushoorn (de)	['nøshōrn]
giraffa (f)	giraffe (de)	[xi'rafə]

ippopotamo (m)	nijlpaard (het)	['nɛjl·pãrt]
canguro (m)	kangoeroe (de)	['kanxəru]
gatta (f)	poes (de)	[pus]
cane (m)	hond (de)	[hɔnt]
mucca (f)	koe (de)	[ku]
toro (m)	bul, stier (de)	[bʉl], [stir]
pecora (f)	schaap (het)	[sxãp]
capra (f)	geit (de)	[xɛjt]
asino (m)	ezel (de)	['ezəl]
porco (m)	varken (het)	['varkən]
gallina (f)	kip (de)	[kip]
gallo (m)	haan (de)	[hãn]
anatra (f)	eend (de)	[ẽnt]
oca (f)	gans (de)	[xans]
tacchina (f)	kalkoen (de)	[kal'kun]
cane (m) da pastore	herdershond (de)	['hɛrdərs·hɔnt]

23. Animali. Parte 1

uccello (m)	vogel (de)	['vɔxəl]
colombo (m), piccione (m)	duif (de)	['dœyf]
passero (m)	mus (de)	[mʉs]
cincia (f)	koolmees (de)	['kõlmẽs]
gazza (f)	ekster (de)	['ɛkstər]
aquila (f)	arend (de)	['arənt]
astore (m)	havik (de)	['havik]
falco (m)	valk (de)	[valk]
cigno (m)	zwaan (de)	[zwãn]
gru (f)	kraanvogel (de)	['krãn·vɔxəl]
cicogna (f)	ooievaar (de)	['õjevãr]
pappagallo (m)	papegaai (de)	[papə'xãj]
pavone (m)	pauw (de)	['pau]
struzzo (m)	struisvogel (de)	['strœys·vɔxəl]
airone (m)	reiger (de)	['rɛjxər]
usignolo (m)	nachtegaal (de)	['nahtəxãl]
rondine (f)	zwaluw (de)	['zwalʉv]
picchio (m)	specht (de)	[spɛxt]
cuculo (m)	koekoek (de)	['kukuk]
civetta (f)	uil (de)	['œyl]
pinguino (m)	pinguïn (de)	['piŋgwin]
tonno (m)	tonijn (de)	[tɔ'nɛjn]
trota (f)	forel (de)	[fɔ'rɛl]
anguilla (f)	paling (de)	[pa'liŋ]

squalo (m)	haai (de)	[hāj]
granchio (m)	krab (de)	[krab]
medusa (f)	kwal (de)	['kwal]
polpo (m)	octopus (de)	['ɔktɔpʉs]

stella (f) marina	zeester (de)	['zē·stər]
riccio (m) di mare	zee-egel (de)	[zē-'exəl]
cavalluccio (m) marino	zeepaardje (het)	['zē·pārtjə]
gamberetto (m)	garnaal (de)	[xar'nāl]

serpente (m)	slang (de)	[slaŋ]
vipera (f)	adder (de)	['adər]
lucertola (f)	hagedis (de)	['haxədis]
iguana (f)	leguaan (de)	[lexʉ'ān]
camaleonte (m)	kameleon (de)	[kamele'ɔn]
scorpione (m)	schorpioen (de)	[sxɔrpi'un]

tartaruga (f)	schildpad (de)	['sxildpat]
rana (f)	kikker (de)	['kikər]
coccodrillo (m)	krokodil (de)	[krɔkɔ'dil]
insetto (m)	insect (het)	[in'sɛkt]
farfalla (f)	vlinder (de)	['vlindər]
formica (f)	mier (de)	[mir]
mosca (f)	vlieg (de)	[vlix]

zanzara (f)	mug (de)	[mʉx]
scarabeo (m)	kever (de)	['kevər]
ape (f)	bij (de)	[bɛj]
ragno (m)	spin (de)	[spin]
coccinella (f)	lieveheersbeestje (het)	[live'hērs·'bestʃə]

24. Alberi. Piante

albero (m)	boom (de)	[bōm]
betulla (f)	berk (de)	[bɛrk]
quercia (f)	eik (de)	[ɛjk]
tiglio (m)	linde (de)	['lində]
pioppo (m) tremolo	esp (de)	[ɛsp]

acero (m)	esdoorn (de)	['ɛsdōrn]
abete (m)	spar (de)	[spar]
pino (m)	den (de)	[dɛn]
cedro (m)	ceder (de)	['sedər]

pioppo (m)	populier (de)	[pɔpʉ'lir]
sorbo (m)	lijsterbes (de)	['lɛjstərbɛs]
faggio (m)	beuk (de)	['bøk]
olmo (m)	iep (de)	[jep]
frassino (m)	es (de)	[ɛs]
castagno (m)	kastanje (de)	[kas'tanjə]

palma (f)	palm (de)	[palm]
cespuglio (m)	struik (de)	['strœʏk]
fungo (m)	paddenstoel (de)	['padənstul]
fungo (m) velenoso	giftige paddenstoel (de)	['xiftixə 'padənstul]
porcino (m)	gewoon eekhoorntjesbrood (het)	[xə'wōn ē'hɔntʃes·brōt]
rossola (f)	russula (de)	[rʉ'sʉla]
ovolaccio (m)	vliegenzwam (de)	['vlixən·zwam]
fungo (m) moscario	groene knolamaniet (de)	['xrunə 'knɔl·ama'nit]
fiore (m)	bloem (de)	[blum]
mazzo (m) di fiori	boeket (het)	[bu'kɛt]
rosa (f)	roos (de)	[rōs]
tulipano (m)	tulp (de)	[tʉlp]
garofano (m)	anjer (de)	['anjer]
camomilla (f)	kamille (de)	[ka'milə]
cactus (m)	cactus (de)	['kaktʉs]
mughetto (m)	lelietje-van-dalen (het)	['leljetʃe-van-'dalən]
bucaneve (m)	sneeuwklokje (het)	['snēw·'klɔkjə]
ninfea (f)	waterlelie (de)	['watər·leli]
serra (f)	oranjerie (de)	[ɔranʒɛ'ri]
prato (m) erboso	gazon (het)	[xa'zɔn]
aiuola (f)	bloemperk (het)	['blum·pɛrk]
pianta (f)	plant (de)	[plant]
erba (f)	gras (het)	[xras]
foglia (f)	blad (het)	[blat]
petalo (m)	bloemblad (het)	['blum·blat]
stelo (m)	stengel (de)	['stɛŋəl]
germoglio (m)	scheut (de)	[sxøt]
cereali (m pl)	graangewassen	['xrān·xɛ'wasən]
frumento (m)	tarwe (de)	['tarwə]
segale (f)	rogge (de)	['rɔxə]
avena (f)	haver (de)	['havər]
miglio (m)	gierst (de)	[xirst]
orzo (m)	gerst (de)	[xɛrst]
mais (m)	maïs (de)	[majs]
riso (m)	rijst (de)	[rɛjst]

25. Varie parole utili

aiuto (m)	hulp (de)	[hʉlp]
base (f)	basis (de)	['bazis]
bilancio (m) (equilibrio)	balans (de)	[ba'lans]
categoria (f)	categorie (de)	[katexɔ'ri]

coincidenza (f)	samenvallen (het)	['samənvalən]
confronto (m)	vergelijking (de)	[vɛrxə'lɛjkiŋ]
differenza (f)	onderscheid (het)	['ɔndərsxɛjt]
effetto (m)	effect (het)	[ɛ'fɛkt]
elemento (m)	element (het)	[ɛle'mɛnt]
errore (m)	fout (de)	['faut]

esempio (m)	voorbeeld (het)	['vōrbēlt]
fatto (m)	feit (het)	[fɛjt]
forma (f) (aspetto)	vorm (de)	[vɔrm]
genere (m) (tipo, sorta)	soort (de/het)	[sōrt]
grado (m) (livello)	graad (de)	[xrāt]

ideale (m)	ideaal (het)	[ide'āl]
inizio (m)	begin (het)	[bə'xin]
modo (m) (maniera)	manier (de)	[ma'nir]
momento (m)	moment (het)	[mɔ'mɛnt]
ostacolo (m)	hinderpaal (de)	['hindərpāl]

parte (f) (~ di qc)	deel (het)	[dēl]
pausa (f)	stop (de)	[stɔp]
pausa (f) (sosta)	pauze (de)	['pauzə]
posizione (f)	positie (de)	[po'zitsi]
problema (m)	probleem (het)	[prɔ'blēm]

processo (m)	proces (het)	[prɔ'sɛs]
progresso (m)	voortgang (de)	['vōrtxaŋ]
proprietà (f) (qualità)	eigenschap (de)	['ɛjxənsxap]
reazione (f)	reactie (de)	[re'aksi]
rischio (m)	risico (het)	['rizikɔ]

ritmo (m)	tempo (het)	['tɛmpɔ]
scelta (f)	keuze (de)	['køzə]
segreto (m)	geheim (het)	[xə'hɛjm]
serie (f)	serie (de)	['seri]
sforzo (m) (fatica)	inspanning (de)	['inspaniŋ]

sistema (m)	systeem (het)	[si'stēm]
situazione (f)	situatie (de)	[situ'atsi]
soluzione (f)	oplossing (de)	['ɔplɔsiŋ]
standard (agg)	standaard	['standārt]
stile (m)	stijl (de)	[stɛjl]

sviluppo (m)	ontwikkeling (de)	[ɔnt'wikəliŋ]
tabella (f) (delle calorie, ecc.)	tabel (de)	[ta'bɛl]
termine (m) (parola)	term (de)	[tɛrm]
turno (m) (aspettare il proprio ~)	beurt (de)	['børt]

| urgente (agg) | dringend | ['driŋənt] |
| utilità (f) | nut (het) | [nʉt] |

variante (f)	variant (de)	[vari'ant]
verità (f)	waarheid (de)	['wārhɛjt]
zona (f)	zone (de)	['zɔnə]

26. Modificatori. Aggettivi. Parte 1

abbronzato (agg)	gebruind	[xə'brœʏnt]
acido, agro (sapore)	zuur	[zūr]
affilato (coltello ~)	scherp	[sxɛrp]
alto (voce ~a)	luid	['lœʏt]
amaro (sapore)	bitter	['bitər]

antico (civiltà, ecc.)	eeuwenoude	[ēwə'naudə]
aperto (agg)	open	['ɔpən]
artificiale (agg)	kunstmatig	[kʉnst'matəx]
basso (~a voce)	zacht	[zaxt]
bello (agg)	mooi	[mōj]
buono, gustoso	lekker	['lɛkər]

cattivo (agg)	slecht	[slɛxt]
centrale (agg)	centraal	[sɛn'trāl]
cieco (agg)	blind	[blint]
clandestino (agg)	ondergronds	['ɔndər'xrɔnts]
compatibile (agg)	verenigbaar	[və'rɛnixbār]

contento (agg)	tevreden	[təv'redən]
continuo (agg)	langdurig	[laŋ'dʉrəx]
corto (non lungo)	kort	[kɔrt]
crudo (non cotto)	rauw	['rau]
denso (fumo ~)	dicht	[dixt]
destro (lato ~)	rechter	['rɛxtər]

di seconda mano	tweedehands	[twēdə'hants]
difficile (decisione)	moeilijk	['mujlək]
dolce (acqua ~)	zoet	[zut]
dolce (gusto)	zoet	[zut]
dritto (linea, strada ~a)	recht	[rɛxt]

duro (non morbido)	hard	[hart]
eccellente (agg)	uitstekend	['œʏtstekənt]
eccessivo (esagerato)	overdreven	[ɔvər'drevən]
enorme (agg)	enorm	[ɛ'nɔrm]
esterno (agg)	buiten-	['bœʏtən]
facile (agg)	eenvoudig	[ēn'vaudəx]

felice (agg)	gelukkig	[xə'lʉkəx]
fertile (terreno)	vruchtbaar	['vrʉxtbār]
forte (una persona ~)	sterk	[stɛrk]
fragile (porcellana, vetro)	breekbaar	['brēkbār]
gentile (agg)	beleefd	[bə'lēft]

grande (agg)	groot	[xrŏt]
gratuito (agg)	gratis	['xratis]
immobile (agg)	onbeweeglijk	[ɔnbə'wēxlək]
importante (agg)	belangrijk	[bə'lanxrɛjk]
intelligente (agg)	slim	[slim]
interno (agg)	binnen-	['binən]

legale (agg)	wettelijk	['wɛtələk]
leggero (che pesa poco)	licht	[lixt]
liquido (agg)	vloeibaar	['vlujbār]
liscio (superficie ~a)	glad	[xlat]
lungo (~a strada, ecc.)	lang	[laŋ]

27. Modificatori. Aggettivi. Parte 2

malato (agg)	ziek	[zik]
maturo (un frutto ~)	rijp	[rɛjp]
misterioso (agg)	mysterieus	[mistɛ'røs]
morbido (~ al tatto)	zacht	[zaxt]
morto (agg)	dood	[dŏt]

nativo (paese ~)	geboorte-	[xə'bŏrtə]
negativo (agg)	ontkennend	[ɔnt'kɛnənt]
non difficile	niet moeilijk	[nit 'mujlək]
normale (agg)	normaal	[nɔr'māl]
nuovo (agg)	nieuw	[niu]

obbligatorio (agg)	verplicht	[vər'plixt]
opaco (colore)	mat	[mat]
opposto (agg)	tegenovergesteld	['texən·'ɔvərxəstɛlt]
ordinario (comune)	gewoon	[xə'wŏn]
originale (agg)	origineel	[ɔriʒi'nēl]

per bambini	kinder-	['kindər]
perfetto (agg)	uitstekend	['œytstekənt]
pericoloso (agg)	gevaarlijk	[xe'vārlək]
personale (agg)	persoonlijk	[pɛr'sŏnlək]
piccolo (agg)	klein	[klɛjn]

pieno (bicchiere, ecc.)	vol	[vɔl]
poco chiaro (agg)	onduidelijk	[ɔn'dœɣdələk]
poco profondo (agg)	ondiep	[ɔn'dip]
possibile (agg)	mogelijk	['mɔxələk]
povero (agg)	arm	[arm]

preciso, esatto	precies	[prə'sis]
principale (più importante)	hoofd-	[hŏft]
principale (primario)	voornaamste	[vŏr'nāmstə]
probabile (agg)	waarschijnlijk	[wār'sxɛjnlək]
pubblico (agg)	openbaar	[ɔpən'bār]

pulito (agg)	schoon	[sxōn]
raro (non comune)	zeldzaam	['zɛldzām]
rischioso (agg)	riskant	[ris'kant]
scorso (il mese ~)	vorig	['vɔrəx]
simile (agg)	gelijkend	[xə'lɛjkənt]

sinistro (agg)	linker	['linkər]
solido (parete ~a)	stevig	['stevəx]
spazioso (stanza ~a)	ruim	[rœym]
speciale (agg)	speciaal	[speʃi'āl]
sporco (agg)	vuil	[vœyl]

stretto (un vicolo ~)	smal	[smal]
stupido (agg)	dom	[dɔm]
successivo, prossimo	volgend	['vɔlxənt]
supplementare (agg)	additioneel	[aditsjo'nēl]
surgelato (cibo ~)	diepvries	['dip·vris]

triste (infelice)	droevig	['druvəx]
ultimo (agg)	laatst	[lātst]
vecchio (una casa ~a)	oud	['aut]
veloce, rapido	snel	[snɛl]
vuoto (un bicchiere ~)	leeg	[lēx]

28. Verbi. Parte 1

accendere (luce)	aandoen	['āndun]
accusare (vt)	beschuldigen	[bə'sxʉldəxən]
afferrare (vt)	vangen	['vaŋən]
affittare (dare in affitto)	huren	['hʉrən]
aiutare (vt)	helpen	['hɛlpən]
amare (qn)	liefhebben	['lifhɛbən]

andare (camminare)	gaan	[xān]
annullare (vt)	afzeggen	['afzɛxən]
annunciare (vt)	aankondigen	['ānkɔndəxən]
appartenere (vi)	toebehoren aan ...	['tubəhɔrən ān]
aprire (vt)	openen	['ɔpənən]
arrivare (vi)	aankomen	['ānkɔmən]

asciugare (~ i capelli)	drogen	['drɔxən]
aspettare (vt)	wachten	['waxtən]
avere (vt)	hebben	['hɛbən]
avere fretta	zich haasten	[zix 'hāstən]

avere fretta	zich haasten	[zix 'hāstən]
avere paura	bang zijn	['baŋ zɛjn]
ballare (vi, vt)	dansen	['dansən]
bere (vi, vt)	drinken	['drinkən]
cacciare (vt)	jagen	['jaxən]

cadere (vi)	vallen	['valən]
cambiare (vt)	veranderen	[və'randərən]
cantare (vi)	fluiten, zingen	['flœɣtən], ['ziŋən]
capire (vt)	begrijpen	[bə'xrɛjpən]
cenare (vi)	souperen	[su'perən]
cessare (vt)	ophouden	['ɔphaudən]

chiedere (domandare)	vragen	['vraxən]
chiudere (vt)	sluiten	['slœɣtən]
cominciare (vt)	beginnen	[bə'xinən]
comparare (vt)	vergelijken	[vɛrxə'lɛjkən]
comprare (vt)	kopen	['kɔpən]
confermare (vt)	bevestigen	[bə'vɛstixən]

congratularsi (con qn per qc)	feliciteren	[felisi'terən]
conoscere (qn)	kennen	['kɛnən]
conservare (vt)	bewaren	[bə'warən]
contare (calcolare)	tellen	['tɛlən]
contare su ...	rekenen op ...	['rekenən ɔp]
copiare (vt)	kopiëren	[kɔpi'erən]

correre (vi)	rennen	['renən]
costare (vt)	kosten	['kɔstən]
costruire (vt)	bouwen	['bauwən]
creare (vt)	creëren	[kre'jerən]
credere (vi)	geloven	[xə'lɔvən]
cucinare (vi)	bereiden	[bə'rɛjdən]

29. Verbi. Parte 2

dare (vt)	geven	['xevən]
decidere (~ di fare qc)	beslissen	[bə'slisən]
dimenticare (vt)	vergeten	[vər'xetən]
dipendere da ...	afhangen van ...	['afhaŋən van]
dire (~ la verità)	zeggen	['zexən]
discutere (vt)	bespreken	[bə'sprekən]

disprezzare (vt)	minachten	['minaxtən]
disturbare (vt)	storen	['stɔrən]
divorziare (vi)	scheiden	['sxɛjdən]
dubitare (vi)	twijfelen	['twɛjfelən]
eliminare (vt)	verwijderen	[vər'wɛjdərən]

esigere (vt)	eisen	['ɛjsən]
esistere (vi)	existeren	[ɛksis'tɛrən]
essere assente	absent zijn	[ap'sɛnt zɛjn]
essere d'accordo	instemmen	['instɛmən]
fare (vt)	doen	[dun]
fare colazione	ontbijten	[ɔn'bɛjtən]

fare le pulizie	schoonmaken	['sxōn·makən]
fidarsi (vr)	vertrouwen	[vər'trauwən]
finire (vt)	beëindigen	[be'ɛjndəxən]
firmare (~ un documento)	ondertekenen	['ɔndər'tekənən]
giocare (vi)	spelen	['spelən]

girare (~ a destra)	afslaan	['afslān]
gridare (vi)	schreeuwen	['sxrēwən]
guardare (vt)	kijken naar ...	['kɛjkən nār]
incontrarsi (vr)	ontmoeten	[ɔnt'mutən]
ingannare (vt)	bedriegen	[bə'drixən]
insistere (vi)	aandringen	['āndriŋən]

insultare (vt)	beledigen	[bə'ledəxən]
invitare (vt)	uitnodigen	['œʏtnɔdixən]
lamentarsi (vr)	klagen	['klaxən]
lasciar cadere	laten vallen	['latən 'valən]
lavorare (vi)	werken	['wɛrkən]

leggere (vi, vt)	lezen	['lezən]
mancare le lezioni	verzuimen	[vər'zœʏmən]
mandare (vt)	sturen	['stʉrən]
mangiare (vi, vt)	eten	['etən]
morire (vi)	sterven	['stɛrvən]
mostrare (vt)	tonen	['tɔnən]

nascere (vi)	geboren worden	[xə'bɔrən 'wɔrdən]
nascondere (vt)	verbergen	[vər'bɛrxən]
negare (vt)	ontkennen	[ɔnt'kɛnən]
nuotare (vi)	zwemmen	['zwɛmən]
obbedire (vi)	gehoorzamen	[xə'hōrzamən]
odiare (vt)	haten	['hatən]

30. Verbi. Parte 3

pagare (vi, vt)	betalen	[bə'talən]
parlare (vi, vt)	spreken	['sprekən]
parlare con ...	spreken met ...	['sprekən mɛt]
partecipare (vi)	deelnemen	['dēlnemən]
pensare (vi, vt)	denken	['dɛnkən]

perdere (ombrello, ecc.)	verliezen	[vər'lizən]
perdonare (vt)	vergeven	[vər'xevən]
permettere (vt)	toestaan	['tustān]
piacere (vi)	bevallen	[bə'valən]
piangere (vi)	huilen	['hœʏlən]
picchiare (vt)	slaan	[slān]
picchiarsi (vr)	vechten	['vɛxtən]
porre fine a ... (~ una relazione)	beëindigen	[be'ɛjndəxən]

potere (v aus)	kunnen	['kʉnən]
potere (vi)	kunnen	['kʉnən]
pranzare (vi)	lunchen	['lʉnʃən]

pregare (vi, vt)	bidden	['bidən]
prendere (vt)	nemen	['nemən]
prevedere (vt)	voorzien	[võr'zin]
promettere (vt)	beloven	[bə'lɔvən]
proporre (vt)	voorstellen	['võrstɛlən]

provare (vt)	bewijzen	[bə'wɛjzən]
raccontare (~ una storia)	vertellen	[vər'tɛlən]
ricevere (vt)	ontvangen	[ɔnt'faŋən]
ringraziare (vt)	danken	['dankən]
ripetere (ridire)	herhalen	[hɛr'halən]

riservare (vt)	reserveren	[rezɛr'verən]
rispondere (vi, vt)	antwoorden	['antwõrdən]
rompere (spaccare)	breken	['brekən]
rubare (~ i soldi)	stelen	['stelən]
salvare (~ la vita a qn)	redden	['rɛdən]
sapere (vt)	weten	['wetən]

sbagliare (vi)	zich vergissen	[zih vər'xisən]
scavare (vt)	graven	['xravən]
scegliere (vt)	kiezen	['kizən]
scherzare (vi)	grappen maken	['xrapən 'makən]
scomparire (vi)	verdwijnen	[vərd'wɛjnən]
scrivere (vt)	schrijven	['sxrɛjvən]

scusare (vt)	excuseren	[ɛkskʉ'zerən]
scusarsi (vr)	zich verontschuldigen	[zih vərɔnt'sxʉldəxən]
sedersi (vr)	gaan zitten	[xãn 'zitən]
sorridere (vi)	glimlachen	['xlimlahən]
sparare (vi)	schieten	['sxitən]

spegnere (vt)	uitdoen	['œʏtdun]
sperare (vi, vt)	hopen	['hɔpən]
spiegare (vt)	verklaren	[vər'klarən]
stancarsi (vr)	vermoeid raken	[vər'mujt 'rakən]
studiare (vt)	studeren	[stʉ'derən]

tentare (vt)	proberen	[prɔ'berən]
tradurre (vt)	vertalen	[vər'talən]
trovare (vt)	vinden	['vindən]
tuffarsi (vr)	duiken	['dœʏkən]
uccidere (vt)	doden	['dɔdən]
udire (percepire suoni)	horen	['hɔrən]

vedere (vt)	zien	[zin]
vendere (vt)	verkopen	[vɛr'kɔpən]
verificare (ispezionare)	checken	['ʧɛkən]

vietare (vt)	**verbieden**	[vər'bidən]
volare (vi)	**vliegen**	['vlixən]
volere (desiderare)	**willen**	['wilən]

www.ingramcontent.com/pod-product-compliance
Lightning Source LLC
Chambersburg PA
CBHW070115070426
42448CB00040B/2882